这才是真正的

数学思维

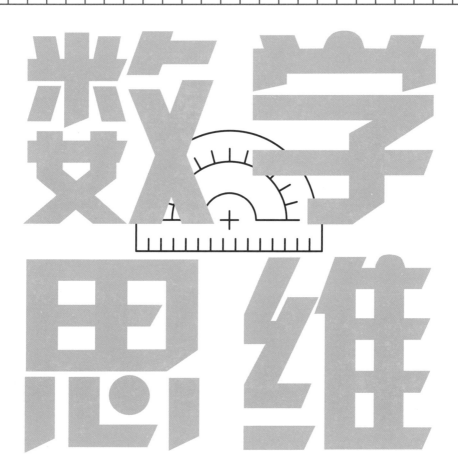

戴祥敏 —— 著

U0336855

机械工业出版社
CHINA MACHINE PRESS

本书依据小学数学课程标准，结合作者多年的教学实践经验，精选小学数学重难点知识，并从不同的视角对其进行剖析，展示了数学知识的内在逻辑与层次，是一本生动有趣的数学思维训练书。本书强调启发式教学，通过引导性内容鼓励学生思考，通过翻转课堂激发学生自主学习的积极性，利用图像化的方式使数学概念变得形象、具体，帮助学生提高学习效率和应用数学知识的能力。本书有家长参与的环节，可作为亲子共读读本，还可以作为教师教学的参考书。

图书在版编目（CIP）数据

这才是真正的数学思维 / 戴祥敏著. -- 北京 ： 机械工业出版社，2024. 8.（2024. 11重印）-- ISBN 978-7-111-76197-6

Ⅰ．G624.503

中国国家版本馆CIP数据核字第2024015AT2号

机械工业出版社（北京市百万庄大街22号 邮政编码100037）
策划编辑：蔡 浩　　　　　责任编辑：蔡 浩
责任校对：潘 蕊 张亚楠　　责任印制：张 博
北京联兴盛业印刷股份有限公司印刷
2024年11月第1版第2次印刷
180mm×230mm・14.5印张・178千字
标准书号：ISBN 978-7-111-76197-6
定价：89.00元

电话服务　　　　　　　　　网络服务
客服电话：010-88361066　　机 工 官 网：www.cmpbook.com
　　　　　010-88379833　　机 工 官 博：weibo. com/cmp1952
　　　　　010-68326294　　金 书 网：www. golden-book. com
封底无防伪标均为盗版　机工教育服务网：www. cmpedu. com

序

　　许多人谈起数学时，心中会涌起一股难以言说的畏惧与逃避之情，仿佛数学是一门需要穿越重重迷雾、攀登陡峭山峰的艰难旅程；那些复杂的公式、抽象的符号以及严密的逻辑推理，不仅仅是知识的挑战，更像是心灵的拷问，每次解题都要经历一番痛苦的折磨。有的人童年就饱受数学所累，他们觉得数学的世界太过冰冷，让人难以找到学习的乐趣和动力。这使得数学成了不少孩子学习生涯中最不想面对的学科，甚至给本应欢乐的童年蒙上了阴影。

　　作为一名数学教育从业者，我深知教育不仅仅是知识的传授，更是心灵的启迪与梦想的播种。数学，这门蕴藏着无尽奥秘与美妙的学科，却常被认为枯燥乏味。因此，我希望写一本书，一本能改变孩子对数学固有印象的书，一本能激发孩子学习兴趣的书，一本能培养孩子探索欲的书，一本能让孩子领略数学之美的书。

　　经过多年的教学实践，我终于写出了这本书。它选取了小学数学阶段的 12 个重要知识点，用贴近生活的小故事引入问题，从不同的视角对其进行解答，展示了数学知识的内在逻辑，体现了数学思维的多元层次。书中还配有大量形象的演示插图，在此感谢蒋依依的辛苦制作。希望你看完这本书后，能打破对数学的传统偏见，开发自己独特的数学思维。我相信，当你真正打开了数学思维的大门，就会发现原来数学是如此有趣，如此充满魅力。这份对数学的热爱与自信也将成为你人生道路上的宝贵财富。

　　数学最终会带你攀登至怎样的高峰，我不得而知，那将是一个个充满无限可能的精彩故事。也许你会因为卓越的数学能力而在各个领域熠熠生辉；也许你会从事数学教育相关的行业，继续照亮下一代；也许数学只是你在九年义务教育中的过客。但不管怎样，我的教育理想是一个锚点，希望能让更多孩子在还没有被数字和图形的题海淹没前，找到点亮数学思维的那盏灯。

　　最后，我想对每一位即将翻开这本书的读者说：无论你在何时何地遇到数学，都请保持一颗好奇与勇敢的心。因为在这个奇妙的数学世界里，总有无数的惊喜等待着你去发现和创造。让我们一起用数学的钥匙开启智慧的大门，共同探索这个充满无限可能的世界吧！

目　录

计算篇
用魔法打败魔法

01 高斯的成名曲——连续整数求和

 很久很久以前

有一个很伟大的数学家——高斯，据说在他上小学的时候呀……

有一天，他的老师在黑板上写下一道题，然后告诉同学们："你们只要做出这道题，就可以提前放学了！"

老师心里想着：这道题这么复杂，正常情况下等学生做完，差不多就到放学时间了。结果老师还没走出教室呢，高斯小朋友就举手了，大声说道："老师！我已经做出来了！"

从此，高斯同学在数学道路上"一题成名"……

看看老师在黑板上写的题吧

$$1 + 2 + 3 + 4 + \cdots + 100 = ?$$

同学们，如果你也在当时的课堂上，来陪着高斯一起思考思考吧？

（试着写下你的解题思路吧！不会做没关系，写下感受也可以）

戴老师提出问题

$$1 + 2 + 3 + 4 + \cdots + 100 = ?$$

可以怎么计算呢？有没有简便方法呢？

 多种解法分析

解法 1 ———————————————————— 累加法

$$1 + 2 + 3 + 4 + \cdots + 100$$

3

6

10

⋯

5050

来自高斯同班同学的解法，等一个数一个数加完刚好到下课时间！

▶ 你是用的这种方法吗？ 😊 是的 □   😎 不是 □

▶ 你推荐这种方法吗？ ☆☆☆☆☆

(给星星涂上颜色吧，涂色的星星越多表示越推荐)

解法 2 ——————————————————————— 配对法

⭐ 仔细观察后，发现规律

$$1+100=101$$

$$1 + 2 + 3 + \cdots + 98 + 99 + 100$$

$$3+98=101$$

$$2+99=101$$

⭐ 将数进行分组，前后两个数为一组

$$(1+100)\quad (2+99)\quad (3+98)\quad (4+97)$$

$$\cdots$$

$$(50+51)$$

⭐ 那么 100 个数能分为多少组呢？

100 个数，两个一组

1, 100   2, 99   3, 98   4, 97 ⋯ 50, 51

组数 = 100÷2=50（组）   每组之和 = 1+100=101

组数知道了，每组之和也知道，求总和？

一共有 50 个 101

101　　101　　101　　101　　…　　101

总和 = 101×50=5050

 列出综合算式吧！

$$总和 = （1+100）× （100÷2）$$

每组之和　　　　　组数

来自高斯小朋友的解法，难怪没等老师走出教室就算出来啦！

▶ 你是用的这种方法吗？　　😊 是的 □　　😎 不是 □

▶ 你学会这种方法了吗？　　😊 会了 □　　😟 不会 □

▶ 你推荐这种方法吗？　　☆☆☆☆☆

一列有序的数叫数列，第一项叫首项，最后一项叫末项，数的个数叫项数。而等差数列中相邻两项的差不变，比如连续整数数列、连续奇数数列等。高斯在小学时期所推导出的正是等差数列求和公式！

等差数列和 = （首项 + 末项） × 项数 ÷2

等差数列的求和公式，你记住了吗？

5

解法 3 —————————————————————— 天平法

⭐1 有种思维叫天平思维

就像跷跷板一样，当天平平衡时，
可知左右重量关系为"左＝右"

⭐2 那戴老师有个大胆的想法

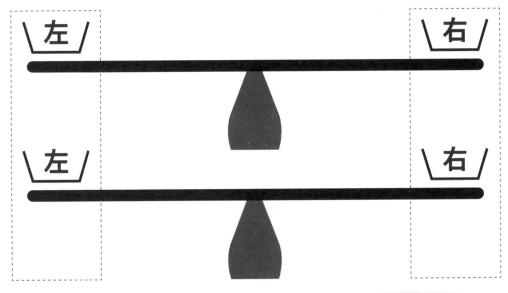

天平思维：左 ＋ 左 ＝ 右 ＋ 右

对我们这道题有什么帮助呢？（总和为 S）

$$S = 1 + 2 + 3 + \cdots + 98 + 99 + 100$$

倒序 ↓

$$S = 100 + 99 + 98 + \cdots + 3 + 2 + 1$$

 结合天平思维（左边加起来 = 右边加起来）

$$S = 1 + 2 + 3 + \cdots + 98 + 99 + 100$$
$$S = 100 + 99 + 98 + \cdots + 3 + 2 + 1$$

↓　↓　↓　↓　　↓　↓　↓

$$2S = 101 + 101 + 101 + \cdots + 101 + 101 + 101$$

 右边加起来有多少个 101 呢？

一共有 100 个 101

$$2S = 101 + 101 + 101 + \cdots + 101 + 101 + 101$$
$$ = 101 \times 100$$

6 最后一步，求总和 S ！

S	S

$= 101 \times 100$

$\longrightarrow$ | S | $= 101 \times 100 \div 2 = 5050$

总和 S =（1+100）×100÷2

来自戴老师的思维启发，天平思维与倒序相加相结合！

▶ 你是用的这种方法吗？　　😊 是的 □　　😎 不是 □

▶ 你学会这种方法了吗？　　😊 会了 □　　😔 不会 □

▶ 你推荐这种方法吗？　　☆ ☆ ☆ ☆ ☆

 解法 **4** ———————————————— 点阵法（数形结合）

1 从数字计算上升到图形理解

1 ⟶ ●

2 ⟶ ● ●

3 ⟶ ● ● ●

...

100 ⟶ ● ● ● ● ... ●

2 运用搭梯子思维，先看一下简单的情形（根据点阵求 1+2+3+4+5+6）

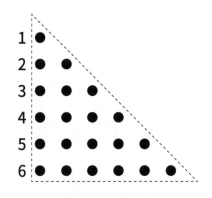

将点数看成 S

S = 1+2+3+4+5+6

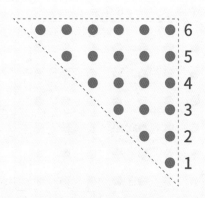

将点数看成 S

S = 6+5+4+3+2+1

3 左边点阵的点数等于右边点阵的点数

（左 S）1+2+3+4+5+6 = 6+5+4+3+2+1（右 S）

4 将左右两个三角形点阵合起来，拼成一个长方形点阵

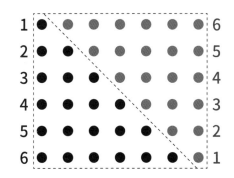

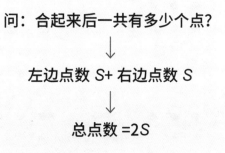

问：合起来后一共有多少个点？

↓

左边点数 S+ 右边点数 S

↓

总点数 =2S

5 我们再来看看此时的点阵中的点数

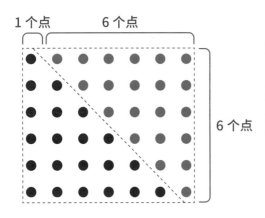

1 个点　　6 个点

6 个点

问：此时的点阵一共有多少个点？

↓

长：1+6=7 ，宽：6

↓

总点数：7×6=42

↓

$2S = 42$

 6 根据三角形点阵与长方形点阵的点数关系求出 S

$$S = 1+2+3+4+5+6 = 2S \div 2 = 42 \div 2 = 21$$

总结可得：$S =$ 长 × 宽 $\div 2 = (6+1) \times 6 \div 2 = 21$

7 搭梯子，由简入难（根据点阵求 1+2+3+…+100）

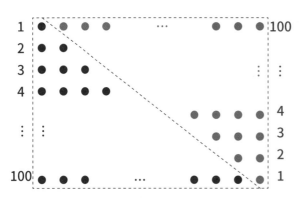

左边点数
$S=1+2+3+…+100$

右边点数
$S=100+…+3+2+1$

↓

总点数 $=2S$

8 此时为一个长方形点阵

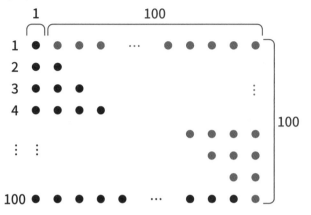

点阵长：1+100，
宽：100

↓

总点数
$2S = (1+100) \times 100$

↓

$S = 2S \div 2$

 9 一起列出综合算式

$$S = 1+2+3+\cdots+100 = 长 \times 宽 \div 2$$
$$= (1+100) \times 100 \div 2$$

来自戴老师的思维启发，
数形结合的高级秘法让思维具象化！

▶ 你是用的这种方法吗？　😊 是的 □　　😎 不是 □

▶ 你学会这种方法了吗？　😊 会了 □　　😖 不会 □

▶ 你推荐这种方法吗？　☆ ☆ ☆ ☆ ☆

发现规律

$S = 1+2+3+\cdots+100$ 的点阵

长：1+100（首排点数 + 末排点数，即首项 + 末项）

宽：100（共有 100 排，即项数为 100）

$2S$：长 × 宽 = $(1+100) \times 100$　　　S：$(1+100) \times 100 \div 2$

可推导出公式：$S = （首项 + 末项）\times 项数 \div 2$

戴老师有话说

不知道大家有没有发现：除了第一种一个数一个数加起来的累加法，其他方法都有自己的规律，配对法是数字的结合，天平法是式子的结合，点阵法是图形的结合。

而最后的综合算式都导向同一个算式。所以不同的思维最终指向的结果都一样——万物归一！

学会方法不用记公式，大脑自动推导，你也是小高斯。

我是小讲师

学会了方法，你一定迫不及待想尝试一下啦！

① $1 + 2 + 3 + 4 \cdots + 150 = ?$
② $3 + 6 + 9 + 12 \cdots + 99 = ?$

写下你的解题过程吧，然后选择一道题讲给家长听

提示

3 + 6 + 9 + 12 + … + 99，一共有多少项呢？

我们可以找规律：3 = 3×1，6 = 3×2，9 = 3×3，…，99 = 3×33。

现在你知道一共有多少项了吗？

选择比努力

更重要！

 ## 在不久以前

有一位家长跟戴老师说……

　　她的孩子琪琪学会了一种方法来解决一种"神奇"的题。比如计算 1+2+3+…+99+100+99+…+3+2+1，琪琪一看题很快写出答案 100^2，戴老师点点头，答对了。

　　接着琪琪开始计算 1+2+3+…+49+50+49+…+3+2+1，琪琪写下答案 50^2，戴老师点点头，又答对了。

　　当计算 4+5+6+7+…+39+40+39+…+3+2+1 时，琪琪不假思考地快速写下答案 40^2，这时戴老师皱起了眉头，答错了。

　　琪琪家长不淡定了，和戴老师说道："她就是直接套公式，死记硬背，一点没动脑子思考！"

看看这种"神奇"的题吧

$$1 + 2 + 3 + \cdots + 99 + 100 + 99 + \cdots + 3 + 2 + 1 = ?$$

同学们，你们见过这种题吗，来一起思考思考吧？

（试着写下你的解题思路吧！不会做没关系，写下感受也可以）

这才是真正的数学思维

戴老师提出问题

$$1+2+3+\cdots+99+100+99+\cdots+3+2+1=?$$

有简便方法吗？和上一章的题是否有相似之处呢？

多种解法分析

仔细观察后，发现原来是金字塔数列

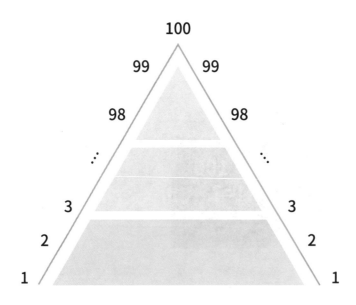

——————————————————————————— 公式法

1 **运用搭梯子思维，将题目转化成我们会做的类型**

你是否觉得这道题有点熟悉，好像在哪里见过？没错，上一章的等差数列也在这里面！

$$1 + 2 + 3 + \cdots + 99 + 100 + 99 + \cdots + 3 + 2 + 1$$

　　　　　　　等差数列　　　　　　　　　　　　等差数列

2 **直接根据等差数列的求和公式得出**

$$总和\ S = (1+100)\times100\div2 + (1+99)\times99\div2$$

3 **或者还能分得更简单一点**

$$1 + 2 + 3 + \cdots + 99 + 100 + 99 + \cdots + 3 + 2 + 1$$

两个（1+2+3+⋯+99），再加 100

4 **简便计算**

$$1 + 2 + 3 + \cdots + 99 + 100 \quad + 99 + \cdots + 3 + 2 + 1$$

$$99+98+97+ \cdots + 1$$

相
加 ↓　　↓　　↓　　　　　↓

100 100 100 … 100

5 那么变成 99 个 100 相加，再加一个 100

$$\rightarrow \underbrace{\underbrace{100 + 100 + 100 + \cdots +100}_{99 \text{ 个 } 100} + \underbrace{100}_{1 \text{ 个 } 100}}_{100 \text{ 个 } 100}$$

 6 得出结果

$$总和 \ S = 100 \times 100 = 100^2 = 10000$$

受戴老师上一章学习的启发，了解乘法的底层意义，
学会真正的搭梯子思维！

▶ 你是用的这种方法吗?　😊 是的 □　😎 不是 □

▶ 你学会这种方法了吗?　😊 会了 □　🙁 不会 □

▶ 你推荐这种方法吗?　☆ ☆ ☆ ☆ ☆

解法 2 ———————————————————— 归纳法

 1 构建金字塔模型，以小见大，从小小金字塔开始发现规律

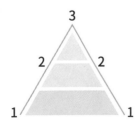

$$1+2+3+2+1=9=3 \times 3=3^2$$

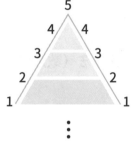

$$1+2+3+4+3+2+1=16=4\times4=4^2$$

$$1+2+3+4+5+4+3+2+1=25=5\times5=5^2$$

⋮   ⋮

$$1+2+3+4+5+6+7+8+7+6+5+4+3+2+1$$
$$=64=8\times8=8^2$$

⭐2 根据上面的规律，得出结果

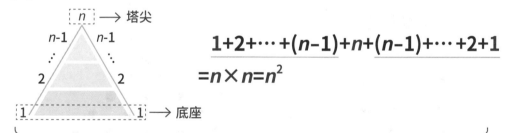

$$1+2+\cdots+(n-1)+n+(n-1)+\cdots+2+1$$
$$=n\times n=n^2$$

注意：底座的数只能为1，塔尖为最大数，且是连续的自然数，三个条件缺一不可

$$1+2+\cdots+100+\cdots+2+1=100\times100=100^2$$

善用归纳推理，以小见大，以少见多，
通过特殊情况探索出一般情况的规律。

▶ 你是用的这种方法吗?　😊 是的 □　　😎 不是 □

▶ 你学会这种方法了吗?　😊 会了 □　　😟 不会 □

▶ 你推荐这种方法吗?　☆☆☆☆☆

解法 3 ——————————— 点阵法（数形结合）

 数字计算的终点是图形，数形结合!

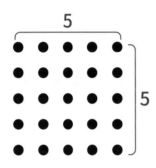

边长为 5 个点的点阵

↓

点数 =5×5=25

 换个角度看世界

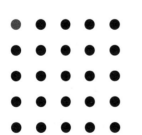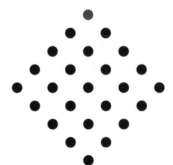

点阵和我们的题目有什么关联呢?

```
●------------------------------------ 1 个点
●●------------------------------------ 2 个点
●●●---------------------------------- 3 个点
●●●●-------------------------------- 4 个点
●●●●●------------------------------ 5 个点
●●●●-------------------------------- 4 个点
●●●--------------------------------- 3 个点
●●---------------------------------- 2 个点
●----------------------------------- 1 个点
```

点数 =5×5=25　　　　　点数 =1+2+3+4+5+4+3+2+1

 从 5×5 点阵到 100×100 点阵

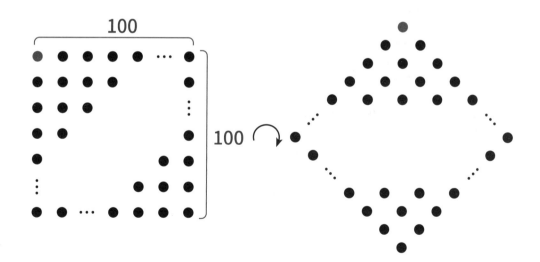

点数 =100×100=10000　=　点数 =1+2+…+100+…+2+1

21

5 得出结论

1+2+3+…+99+100+99…+3+2+1 表示 100×100 点阵的点数

$$1+2+3+…+99+100+99+…+3+2+1=100×100=100^2$$

来自戴老师的思维启发，掌握数形结合的高级秘法，换个角度看世界！

▶ 你是用的这种方法吗？　😊 是的 □　😎 不是 □

▶ 你学会这种方法了吗？　😊 会了 □　😟 不会 □

▶ 你推荐这种方法吗？　☆☆☆☆☆

 思维拓展

思考 4+5+6+7+…+199+200+199+…+3+2+1=?

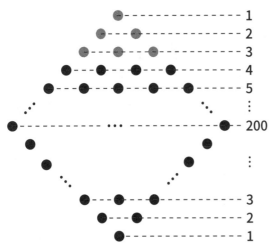

总点数 =200×200=40000

↓

缺少前三排（1+2+3）个点

↓

所求的点数 =40000-3-2-1

$$4+5+6+7+…+199+200+199+…+3+2+1=200^2-3-2-1=39994$$

来自戴老师的思维进阶，利用数形结合找点数，先凑满，再看缺什么就减什么！

戴老师有话说

对于金字塔数列求和的题目，戴老师一共讲了3种方法。

琪琪小朋友"死记硬背"的方法不仅使自己不能理解，而且抹杀了孩子探知的欲望，还容易出错。

戴老师从不推荐孩子们背公式，我们可以用：①搭梯子思维，用已学的知识（公式）解决未知的问题；②归纳推理的思维，以小见大、以少见多找规律；③应用非常广泛的数形结合思维，将枯燥的数字转换为有趣的图形，生动且易理解。

这才是戴老师推荐的真正的数学思维！

我是小讲师

学会了方法，你一定迫不及待想尝试一下啦！

① 1+2+3+…+149+150+149+…+3+2+1=?

② 4+5+6+…+499+500+499+…+3+2+1= ?

写下你的解题过程吧，然后选择一道题讲给家长听

"死记硬背"是抹杀
孩子探知欲的敌人

 ## 在不久以前

瑞文小朋友说自己学会了一门数学上的"武功秘籍"！他要考考戴老师……

　　有一天瑞文小朋友信心满满地找到戴老师，要给戴老师出一个题考考她：1+3+5+7+9+11+13，必须在3秒钟内说出答案，不料戴老师居然一秒钟给出答案49。

　　不等瑞文惊讶，戴老师反出了一道类似的题：1+3+5+7+9+11+13+15+17+19，没想到瑞文也在3秒钟内说出答案100。

　　这时，两人相视一笑，瑞文说道："戴老师，原来你也知道这个武功秘籍！"

　　据两人事后透露，这个数学上的"武功秘籍"只有8个字：天下无双，个数平方！

你听说过这种有"武功秘籍"的题吗？

1+3+5+7+9+11+…+97+99=?

同学们，这是瑞文小朋友最后留下的题，一起思考思考吧？

(试着写下你的解题思路吧！不会做没关系，写下感受也可以)

戴老师提出问题

$$1 + 3 + 5 + 7 + 9 + 11 + \cdots + 97 + 99 = ?$$

可以怎么计算呢？到底有没有简便方法呢？

 多种解法分析

 ———————————————— 配对法

⭐1 和第一章的"1+2+3+…+100"相似，也可以用分组配对的方法

$$\overbrace{1 + 3 + 5 + \cdots + 95 + 97 + 99}$$

1+99=100

5+95=100

3+97=100

⭐2 1, 3, 5, 7, 9, …, 99 一共有 50 个数，两个为一组

50 个数，两个一组

1,99   3,97   5,95   7,93   …   49,51

组数 = 50÷2=25（组）   每组之和 = 1+99=100

⭐3 那么一共有 25 个 100

$$总和 = （1+99）\times （50÷2）$$

每组之和   组数

用高斯的方法举一反三，离高斯更进一步！

▶ 你是用的这种方法吗？   😊 是的 □   😎 不是 □

▶ 你学会这种方法了吗？   😊 会了 □   😟 不会 □

▶ 你推荐这种方法吗？   ☆ ☆ ☆ ☆ ☆

 解法 2 —————————————— 归纳法

⭐1 利用归纳推理思维，以小见大，从简单的式子开始递推

$1+3+5= 9 = 3^2$ (3 个数)

$1+3+5+7= 16 = 4^2$ (4 个数)

$1+3+5+7+9= 25 = 5^2$ (5 个数)

$1+3+5+7+9+11= 36 = 6^2$ (6 个数)

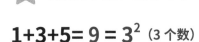

在横线上写
下你的答案

$1+3+5+7+9+11+13=$___$=$___ (7 个数)

⋮

$1+3+5+7+9+11+\cdots+97+99=$___$=$___ (50 个数)

2 根据规律总结"武功秘籍"

> ### 天下无双：全是奇数求和
> ### 个数平方：有几个数，答案就是几的平方

真是这样的吗？来探究一下吧

3 下面是瑞文根据"武功秘籍"做的题，你来判断一下对错

$5+7+9+11+13+15=\underline{36}=6^2$ 对的□ 错的□

$1+5+7+11+13+15+17=\underline{49}=7^2$ 对的□ 错的□

稍加计算，聪明的你就会发现上面两题都做错了

4 为什么明明用了"武功秘籍"，却还是做错了？

用"武功秘籍"也有条件

$$\boxed{1} + 3 + 5 + 7 + 9 + 11 \cdots + n$$

→ 条件①：必须从 1 开始

条件②：必须是连续的奇数相加

5 一起来总结

$$1 + 3 + 5 + 7 + 9 + 11 + \cdots + 97 + 99 = 50^2$$

从 1 开始的连续奇数相加   个数的平方

来自戴老师的归纳推理思维，
以小见大找规律，导出"武功秘籍"

▶ 你是用的这种方法吗?　😊 是的 □　　😎 不是 □

▶ 你学会这种方法了吗?　😊 会了 □　　😐 不会 □

▶ 你推荐这种方法吗?　⭐⭐⭐⭐⭐

解法 3 ——————————————————— 点阵法（数形结合）

⭐1 从数字理解上升到图形理解

3×3 点阵→点数 $=3 \times 3=3^2=1+3+5$

4×4 点阵→点数 $=4 \times 4=4^2=1+3+5+7$

5×5 点阵→点数 $=5 \times 5=5^2=1+3+5+7+9$

2 以小见大，看看 1+3+5+7+9+···+99 的点阵

1　3　5　7　9　···　99

50 列 50 行，50×50 点阵

↓

点数 = 50×50 = 50^2 = 1+3+5+···+99

$$1 + 3 + 5 + 7 + 9 + 11 + \cdots + 97 + 99 = 50 \times 50 = 50^2$$

▶ 你是用的这种方法吗？　　😊 是的 □　　😎 不是 □

▶ 你学会这种方法了吗？　　😊 会了 □　　🙁 不会 □

▶ 你推荐这种方法吗？　　☆☆☆☆☆

 思维拓展

1 思考 7+9+11+13+15+···+199=?

1　3　5　7　9　···　199

100 列 100 行，100×100 点阵

↓

缺少一个 3×3 的点阵

↓

点数 = $100^2 - 3^2$

2 使用"武功秘籍"，关键在于找数的个数

示例

1+3+5+7+9+11+…+97+99 （**50 个数**）

2+4+6+8+10+12+…+98+100

（注：为什么是 50 个数？因为从 1 到 100，奇数个数 + 偶数个数 =100，并且奇数与偶数的个数相同，所以奇数个数 =50）

1+3+5+7+9+11+…+197+199 （**100 个数**）

2+4+6+8+10+12+…+198+200

（注：为什么是 100 个数？因为从 1 到 200，奇数个数 + 偶数个数 =200，并且奇数与偶数的个数相同，所以奇数个数 =100）

3 你也来试试吧！找出下面数列中数的个数

① **1+3+5+7+9+11+…+57+59** （＿＿ **个数**）

② **1+3+5+7+9+11+…+151+153** （＿＿ **个数**）

③ **1+3+5+7+9+11+…+497+499** （＿＿ **个数**）

④ **1+3+5+7+9+11+…+997+999** （＿＿ **个数**）

来自戴老师的思维考验，
从现在开始会找奇数的个数啦！

戴老师有话说

对于连续奇数求和的题目，戴老师一共讲了 3 种方法。

无论是数与数的组合配对，还是从简单的类型开始探索规律，抑或是戴老师最喜欢的数形结合，都证实了"天下无双，个数平方"这一"武功秘籍"。

但是一定得注意：什么"武功秘籍"都得有前提条件，比如这个就必须得是从 1 开始的连续奇数相加。

同学们，跟着戴老师学习了前三章的思维方法，有没有激发出你的探知欲呢？

接下来跟着戴老师一起探索更有趣的数学领域吧！

我是小讲师

学会了方法，你一定迫不及待想尝试一下啦！

① 1+3+5+7+9+11+…+163+165= ?
② 1+3+5+7+9+11+…+1997+1999= ?

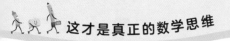

写下你的解题过程吧，然后选择一道题讲给家长听

数学是孩子打开
科学大门的钥匙

04 简便运算的秘密——
两位数乘法

在不久以前

前面都在学习很长很长的数列求和！

戴老师今天决定讲个简单的……

　　戴老师突发奇想要给孩子们讲一道很简单的题，并且保证大家都会做，孩子们都很好奇，戴老师到底要讲什么题呢？

　　谜底揭晓！戴老师提出问题：39×57 怎么计算呢？

　　小朋友们一听，立马有人说道："戴老师，这道题也太简单了吧！我马上就能做出来。"另一个小朋友自信满满地说道："戴老师，我会用两种方法做这道题！"大家投来崇拜的目光。

　　戴老师神秘一笑："其实这道题，戴老师有 7 种解法！学会了这些方法，你们才能真正了解乘法运算！"

这道看起来很简单的题

$$39 \times 57 = ?$$

同学们，这道题是不是真的很简单呢，你先来试试吧！

（试着写下你的解题思路吧！不会做没关系，写下感受也可以）

36

戴老师提出问题

39×57=？

这个题你能用多少种方法解决呢？

 多种解法分析

① ————————————————————————— 竖式法

一起来列竖式吧！

$$
\begin{array}{r}
3\ 9 \\
\times\ _4 5\ _6 7 \\
\hline
2\ 7\ 3 \\
1\ _1 9\ _1 5\ 0 \\
\hline
2\ 2\ 2\ 3
\end{array}
$$

$\longrightarrow$ 39×7

$\longrightarrow$ 1950 $\longrightarrow$ 39×50

根据所列的竖式，可得出：39×57=2223

我们在学校都学过两位数的乘法，
用最基本的竖式法就能解决

37

解法 2 ——————————————————————— 凑整十数

⭐1 仔细观察，39×57 也能简便运算

39×57 能不能凑成 ⌇整十数⌇ × ⌇两位数⌇ 的形式？

⭐2 观察发现，39 接近整十数 40，57 接近整十数 60

39=40−1，57=60−3

⭐3 思考一下，算式可以怎样变形呢？

① $39×57 \rightarrow (40−1)×57$

② $39×57 \rightarrow 39×(60−3)$

4 脱式计算，得出结果

乘法分配律的应用

① **39×57**
=(40−1)×57
=40×57−1×57
=2280−57
=2223

② **39×57**
=39×(60−3)
=39×60−39×3
=2340−117
=2223

凑整十数，再利用乘法分配律

▶ 你是用的这种方法吗？　😊 是的 □　😎 不是 □
▶ 你学会这种方法了吗？　😊 会了 □　😭 不会 □
▶ 你推荐这种方法吗？　☆☆☆☆☆

解法 3 ———————————— 速算法

1 有一种技巧叫速算技巧

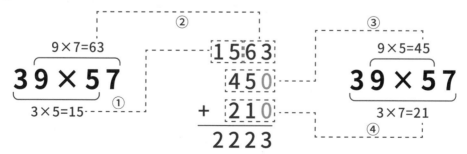

$9×7=63$
39 × 57
$3×5=15$ ····① ②

$$15\ 63$$
$$450$$
$$+\ 210$$
$$2223$$

③
$9×5=45$
39 × 57
$3×7=21$ ④

这才是真正的数学思维

2 结合口诀来拆分理解

头 尾　　头 尾
39×57

头头相乘写在前 (30×50=1500)　1 5 6 3　尾尾相乘写在后 (7×9=63)

4 5 0　中间相乘写中间 (50×9=450) ⎫ 居中写

+　2 1 0　头尾相乘写下面 (30×7=210) ⎭ 省略0

2 2 2 3

速算技巧：39×57=1563+450+210=2223

戴老师分享的速算技巧，
适用于任何"两位数 × 两位数"

▶ 你是用的这种方法吗?　😊 是的 □　😎 不是 □

▶ 你学会这种方法了吗?　😊 会了 □　😐 不会 □

▶ 你推荐这种方法吗?　☆ ☆ ☆ ☆ ☆

 运用速算技巧，一起来练习一下吧!

① 48×65　　② 82×53　　③ 75×46

—————————— 表格法

 用表格也能解决计算题，从"死板"到"生动"

$$39 \times 57 \quad \begin{cases} 39 = 30 + 9 \\ 57 = 50 + 7 \end{cases}$$

 将分开的数填入表格内，用积表示出来

×	30	9
50	→ 1500	450
7	210	63

$\rightarrow$

```
  1500
   450
   210
+   63
  2223
```

表格法：39×57=1500+450+210+63=2223

来自戴老师的原创思维解题方式，为平面直角坐标系的学习打基础

思考：为什么用表格分开相乘后再加起来，
也能得出正确结果呢？

▶ 你是用的这种方法吗？　😊 是的 □　😎 不是 □

▶ 你学会这种方法了吗？　😊 会了 □　😣 不会 □

▶ 你推荐这种方法吗？　☆ ☆ ☆ ☆ ☆

⭐ 用戴老师的方法，一起来练习一下吧！

① **37×47**

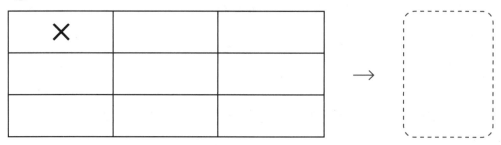

×		

→

② **85×63**

×		

→

③ **64×88**

×		

→

解法 5 ——————————————————————— 几何法

1 为算式赋予几何意义

$$39 \times 57$$ （几何法）
↓　　↓
宽 × 长 = 面积

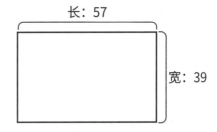

长：57
宽：39

2 将长、宽进行分割

$$39 \times 57$$ （宽 × 长）
↓　　↓
$(30+9) \times (50+7)$

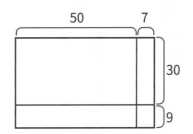

50　7
30
9

3 求出各部分的面积

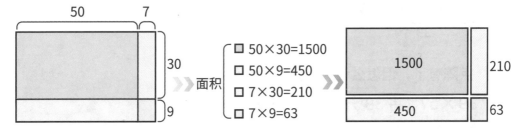

面积
- ☐ $50 \times 30 = 1500$
- ☐ $50 \times 9 = 450$
- ☐ $7 \times 30 = 210$
- ☐ $7 \times 9 = 63$

4 原长方形面积 = 各部分面积之和

几何法：总面积 $= 39 \times 57 = 1500 + 450 + 210 + 63 = 2223$

来自戴老师的几何思维拓展，为以后的图形割补法求面积打基础

思考：和表格法是否有相同之处呢？

▶ 你是用的这种方法吗？　😊 是的 □　😎 不是 □

▶ 你学会这种方法了吗？　😊 会了 □　😟 不会 □

▶ 你推荐这种方法吗？　☆☆☆☆☆

解法 6 ———————————————— 点阵法（数形结合）

1 真正的数学底层思维——数形结合

39×57（代表 39×57 的点阵）

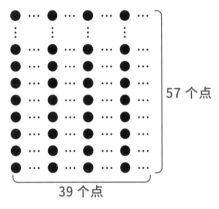

57 个点

39 个点

39 列 57 行，39×57 点阵

↓

点数 =39×57

2 点阵有了，但怎么计算点数能更简便呢？

39×57（将 39 分为 10+10+10+9）

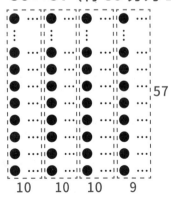

10　10　10　9

57

39 列 57 行，39×57 点阵

↓

分为 4 个小点阵

↓

10×57, 10×57, 10×57, 9×57

↓

39×57=570+570+570+513

3 有更简便的分块方法吗?

39×57(将 39 分为 30+9,57 分为 50+7)

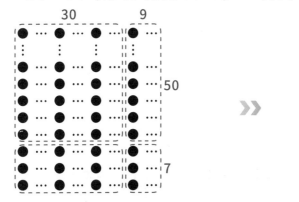 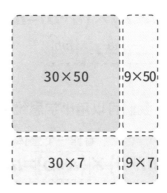

点阵法:总点数 =39×57=1500+450+210+63=2223

> 来自戴老师的数形结合思维,
> 利用点阵法了解乘法的底层意义

提示

这种方法和前面的表格法、面积法都是相同的思路,但呈现方式不同。

▶ 你是用的这种方法吗?　😊 是的 □　　😎 不是 □

▶ 你学会这种方法了吗?　😊 会了 □　　😟 不会 □

▶ 你推荐这种方法吗?　　☆☆☆☆☆

　　　　　　　　　　　　　　　　　　　　整式的运算

 1 借用一下初中的方法

整式的运算:$(m+n)×(a+b)=ma+mb+na+nb$

初中是这样计算的

$(m+n)\times(a+b)=ma+mb+na+nb$ （每两个数之间乘 1 次）

 我们可以用小学思维来理解

看作一个整体

$(m+n)\times(a+b)=m\times(a+b)+n\times(a+b)$ （乘法分配律）

$=ma+mb+na+nb$ （再次用乘法分配律）

 将字母替换成数

$(m+n)\times(a+b)=ma+mb+na+nb$

$\downarrow$

$(30+9)\times(50+7)=30\times50+30\times7+9\times50+9\times7$

$=1500+210+450+63$

$=2223$

5 **总结，你现在学会初中的方法啦！**

$39\times57=(30+9)\times(50+7)=1500+450+210+63=2223$

初中整式运算中的方法，结合小学乘法分配律也能理解

▶ 你是用的这种方法吗? ☺ 是的 □　　😎 不是 □

▶ 你学会这种方法了吗? ☺ 会了 □　　😷 不会 □

▶ 你推荐这种方法吗? ☆☆☆☆☆

 戴老师有话说

关于求解两位数的乘积，戴老师一共讲了 7 种方法。

其实认真观察每种方法后，你就能发现它们其实"殊途同归"，虽然每种方法的思路不一样，所呈现的点不一样，但是它们都对数进行了拆解，最后得出的算式结果都是一样的。

在数学教育中，老师不仅仅需要提高孩子的解题能力，更需要激发孩子的好奇心。培养好奇心往往从了解数学运算的基本逻辑、看透数学原理开始。

我是小讲师

学会了方法，你一定迫不及待想尝试一下啦！

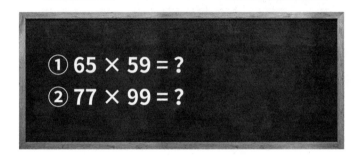

① 65 × 59 = ?

② 77 × 99 = ?

写下你的解题过程吧，然后选择一道题讲给家长听

想要学好任何东西，
都要从激发好奇心
开始

05 立方求和故事多—— 立方和公式

 ## 在不久以前

戴老师在从事数学教育的近 20 年时间里遇到过两大类家长……

有一类家长觉得小学和初中关联并不大，就算小学不懂事，没有认真学习，到了初中把该背的公式背会了，依然可以取得很好的数学成绩。

另外一类家长就特别重视思维，她们会觉得小学和初中关联特别大，自己的孩子到了初中数学成绩下滑，就是因为小学阶段没有培养真正的思维，学得特别死板，虽然能背公式、能套公式，但是题目稍微灵活一点，孩子就束手无策了。

那么，好分数到底是不是就等于好思维呢？

在这章里戴老师会带你找到答案！

这些数的右上方都多了个 3

$$1^3 + 2^3 + 3^3 + \cdots + 10^3 = ?$$

同学们，这道题涉及立方求和，你见过这种类型吗？先来试试吧！

（试着写下你的解题思路吧！不会做没关系，写下感受也可以）

戴老师提出问题

$$1^3+2^3+3^3+\cdots+10^3=?$$

这是立方求和，是初中才会学习的内容，但是只需要记住立方和公式就可以轻松解题了。那么让小学生真正理解立方和公式背后的原理有意义吗？让我们一起来看看吧！

 多种解法分析

 1 ——————————— 公式法

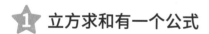 **立方求和有一个公式**

$$1^3+2^3+3^3+\cdots+n^3=(1+2+3+\cdots+n)^2$$

2 将数代入公式就可以解决这个题

$$1^3+2^3+3^3+\cdots+10^3=(1+2+3+\cdots+10)^2$$

⭐**3** 等号右边括号里的算式正好是我们第一章学习过的等差数列和

$$(1+2+3+\cdots+10)^2=[(1+10)\times 10\div 2]^2$$
$$=(11\times 5)^2$$
$$=3025$$

立方和公式口诀：先求和，再平方

巩固复习

以 1+2+3+…+10 为例来复习我们第一章学习过的等差数列

①配对法

2+9=11

1+2+3+…+8+9+10

3+8=11

1+10=11

②倒序相加

$$1+2+3+\cdots+8+9+10$$
$$10+9+8+\cdots+3+2+1$$

11

③点阵法

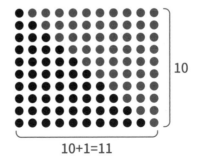

10

10+1=11

巩固练习

复习了第一章的内容，再选择你喜欢的方法来练习一下吧！

① $1+2+3+\cdots+20=?$ ② $1+2+3+\cdots+60=?$

立方和公式： $1^3+2^3+3^3+\cdots+n^3=(1+2+3+\cdots+n)^2$

戴老师觉得直接代入公式虽然方便，但是死记硬背始终不是自己的

▶ 你是用的这种方法吗？　☺ 是的 □　😎 不是 □

▶ 你学会这种方法了吗？　☺ 会了 □　😖 不会 □

▶ 你推荐这种方法吗？　☆☆☆☆☆

 解法 2 ──────────── 归纳法

⭐ 归纳推理思维，以小见大

① $1^3=1$

② $1^3+2^3=1+8=9$

③ $1^3+2^3+3^3=1+8+27=36$

④ $1^3+2^3+3^3+4^3=1+8+27+64=100$

我们把答案拎出来单独看看，有什么规律呢？

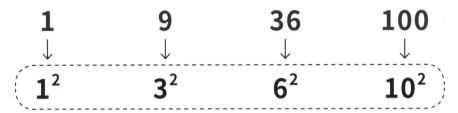

$$1 \qquad 9 \qquad 36 \qquad 100$$

$$1^2 \qquad 3^2 \qquad 6^2 \qquad 10^2$$

3 1，3，6，10 这些数之间有什么关系呢？

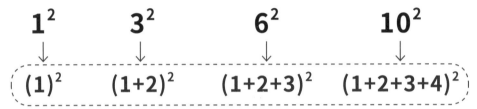

$$1^2 \qquad 3^2 \qquad 6^2 \qquad 10^2$$

$$(1)^2 \qquad (1+2)^2 \qquad (1+2+3)^2 \qquad (1+2+3+4)^2$$

4 和第 1 步结合起来得出结论

① $1^3 = 1^2$

② $1^3 + 2^3 = (1+2)^2$

③ $1^3 + 2^3 + 3^3 = (1+2+3)^2$

④ $1^3 + 2^3 + 3^3 + 4^3 = (1+2+3+4)^2$

⋮

⑩ $1^3 + 2^3 + 3^3 + 4^3 + \cdots + 10^3 = (1+2+3+4+\cdots+10)^2$

5 得出结果

$$1^3 + 2^3 + 3^3 + \cdots + 10^3 = (1+2+3+\cdots+10)^2 = 55^2 = 3025$$

⑥ 以小见大得出公式

立方和公式：$1^3+2^3+3^3+\cdots+n^3=(1+2+3+\cdots+n)^2$

来自戴老师的归纳法，自己推导的才是属于自己的

总结归纳

①想要真正会做题：先学会自己发现规律并归纳

②想要真正会用公式：死记硬背是靠不住的，熟悉自己推导的二级结论才是重点

▶ 你是用的这种方法吗？ ☺ 是的 □　😎 不是 □

▶ 你学会这种方法了吗？ ☺ 会了 □　😐 不会 □

▶ 你推荐这种方法吗？ ☆ ☆ ☆ ☆ ☆

解法 3 ────────────── 点阵法（数形结合）

1 先画出简单的点阵

$1^3=1$ ⊙　　　　$2^3=2\times2\times2$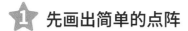

$1^3+2^3=1+8$

$3^3=3\times3\times3$

$1^3+2^3+3^3=1+8+27$

⭐**2** 再来看看 $1^3+2^3+3^3+4^3$ 代表的点阵

$4^3=4\times4\times4$

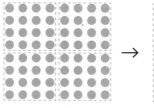

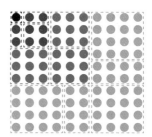

$1^3+2^3+3^3+4^3=1+8+27+64$

⭐**3** 数一数各个点阵的点数

1
点数：1^2

3
点数：3^2

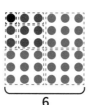
6
点数：6^2

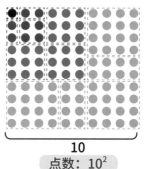
10
点数：10^2

⭐**4** 换个角度看边长

点数：1^2
1

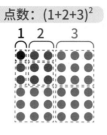
点数：$(1+2)^2$
1　2

点数：$(1+2+3)^2$
1　2　3

点数：$(1+2+3+4)^2$
1　2　3　4
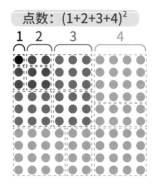

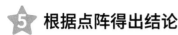 **根据点阵得出结论**

① $1^3=1^2$

② $1^3+2^3=(1+2)^2$

③ $1^3+2^3+3^3=(1+2+3)^2$

④ $1^3+2^3+3^3+4^3=(1+2+3+4)^2$

6 总结规律可得出

$$1^3+2^3+3^3+\cdots+10^3=(1+2+3+\cdots+10)^2=55^2=3025$$

7 最后你来得出公式吧！

立方和公式： $1^3+2^3+3^3+\cdots+n^3=$ _____

▶ 你是用的这种方法吗？　　😊 是的 □　　😎 不是 □

▶ 你学会这种方法了吗？　　😊 会了 □　　😣 不会 □

▶ 你推荐这种方法吗？　　☆☆☆☆☆

注意事项

①公式应用条件：必须是从 1 开始的连续自然数的立方求和

②错误示范：$1^3+3^3=(1+3)^2$ ☒　　　　$2^3+3^3+4^3=(2+3+4)^2$ ☒

戴老师有话说

数学真的是一门非常神奇的学科，它是自然科学的基础。

在学习数学时，如果我们只是死记硬背公式，好像也能算出某些题的答案。但是如果你学会了戴老师讲的第二种方法——归纳法，你就会第一时间去观察事物的规律并推导结论，潜移默化地形成你自己独特的思维模式。

如果你学懂了戴老师讲的第三种方法——数形结合，你会发现数和图形之间有很奇妙的关联，看到数和算式，你的大脑中会自动呈现出画面感。

当你的思维达到这个境界，你就会感受到学习数学的乐趣，成为爱数学、思维好、眼里有光的孩子！

我是小讲师

学会了方法，你一定迫不及待想尝试一下啦！

① $1^3+2^3+3^3+\cdots+20^3=?$

② $1^3+2^3+3^3+\cdots+50^3=?$

写下你的解题过程吧，然后选择一道题讲给家长听

会当凌绝顶，

一览众山小

解密篇

回归本质，推导公式

06 知道原理比死记硬背更重要——乘法口诀

在不久以前

二年级就开始学的乘法，你真的学懂了吗？

戴老师想讲个故事。

我有一个妹妹，她比我小一岁。我深刻地记得她在读二年级需要背乘法口诀的那个学期，几乎每天晚上她都是含着眼泪入睡，每天早上5点多又起来背乘法口诀。但由于始终记不住，不知道她被妈妈打了多少次手心，被老师罚了多少次站。那时候，看着妹妹受罪，我无能为力……

我在读大学期间，遇到一个二年级的小女孩。她很乖，会很多才艺，但是被乘法口诀折磨得都不想去上学了。她妈妈非常崩溃和无助，找到我希望我辅导她女儿。

从那时候开始，我就尝试在教学设计里面加入游戏，从本质上让孩子理解加法、减法、乘法、除法的原理，以及计算规律之间的关联。

差不多半个学期之后，孩子变得自信、阳光，成绩也大幅地提升。最关键的是她特别爱表达，特别喜欢当小老师讲课，这个共同探索的过程让我和孩子都更加自信——孩子更加相信自己的能力，我也更加相信这样的教学方式才真正符合孩子的身心发展特点。

这也是形成我独特的戴氏思维的开端。

在本章中，我会带着大家一起探索乘法的本质和原理，让孩子们再也不用死记硬背乘法口诀，能够更自信阳光地去享受学习。

1X1=1								
1X2=2	2X2=4							
1X3=3	2X3=6	3X3=9						
1X4=4	2X4=8	3X4=12	4X4=16					
1X5=5	2X5=10	3X5=15	4X5=20	5X5=25				
1X6=6	2X6=12	3X6=18	4X6=24	5X6=30	6X6=36			
1X7=7	2X7=14	3X7=21	4X7=28	5X7=35	6X7=42	7X7=49		
1X8=8	2X8=16	3X8=24	4X8=32	5X8=40	6X8=48	7X8=56	8X8=64	
1X9=9	2X9=18	3X9=27	4X9=36	5X9=45	6X9=54	7X9=63	8X9=72	9X9=81

 戴老师提出问题

二年级就开始学的乘法，你真的学懂了吗？

 启发思考

 问：2×3=？

答：

2 问：为什么 2×3=6？

答：

问：有几种思考方式？

答：① 2+2+2=6

② 3+3=6

③ [∷∷∷] 6

④ [∷∷∷] 6

……

乘法的诞生

 没有乘法之前，

问：一只鸡每天下 2 个蛋，2 天可以下多少个蛋？

答：2+2=4（个）

 那么 100 天可以下多少个蛋？

答：$\underbrace{2+2+2+\cdots+2}_{100\text{个}2}=200$（个）

 有了乘法以后可以怎么计算呢？

答：2×100=200（个）

 推导出乘法的原理

$$\underbrace{2+2+2+2+2+2+\cdots+2}_{100\text{个}2}=2\times100$$

→　乘法是加法的简便运算　　2×100 代表 100 个 2 相加

学生的疑问

林林问戴老师:"为什么要这么麻烦地学习乘法的原理,记住乘法口诀会做题不就行了吗?"

戴老师:"那我出一道乘法的题,你能用乘法口诀做出来吗?"

戴老师给林林出了一道乘法的题

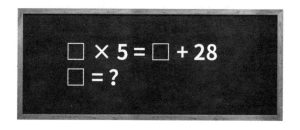

$$□ × 5 = □ + 28$$
$$□ = ?$$

林林冥思苦想,觉得这道题用乘法口诀解决不了,你有其他的方法吗?

(试着写下你的解题思路吧!不会做没关系,写下感受也可以)

多种解法分析

解法 ① ——————————————————————————— 方程法

1 转换为一元一次方程来解决，将□看成未知数 x

$$\square \times 5 = \square + 28 \qquad \rightarrow \qquad 5x = x + 28$$

$$解：5x - x = 28$$

$$4x = 28$$

$$x = 7$$

2 得出答案

$$x = 7 \qquad \rightarrow \qquad \square = 7$$

来自五年级的方程思维，能做题，但是不适用于低年级思维培养

▶ 你是用的这种方法吗？　　😊 是的 □　　😎 不是 □

▶ 你学会这种方法了吗？　　😊 会了 □　　😟 不会 □

▶ 你推荐这种方法吗？　　☆ ☆ ☆ ☆ ☆

━━━━━━━━━━━━━━━━━━━━━━━━━━ 天平法

1 根据乘法的原理来做题

$$\square \times 5 = \square + 28$$

↓

代表 5 个 □ 相加 → □+□+□+□+□

2 那么我们可以改变一下算式的形式

$$\square \times 5 = \square + 28$$ → □+□+□+□+□=□+28

3 天平思维，左右两边同时拿走相同的数，天平仍然平衡

两边同时拿走 1 个 □

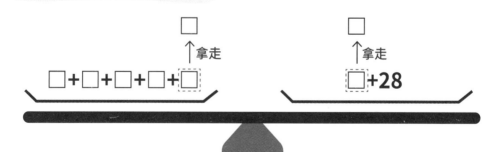

4 天平两边变成什么样子了？

□+□+□+□+□=□+28

→ □+□+□+□=28

⭐5 得出答案

$$4 \text{ 个 } \square = 28 \quad \rightarrow \quad \square = 28 \div 4 = 7$$

乘法原理的应用，适合接触乘法的各年龄段小朋友

▶ 你是用的这种方法吗?　😊 是的 □　　😎 不是 □

▶ 你学会这种方法了吗?　😊 会了 □　　😟 不会 □

▶ 你推荐这种方法吗?　☆ ☆ ☆ ☆ ☆

这道题还可以通过画图来思考

解法③ ——————————————————————— 画图法

⭐1 将要求的方框画出来

$$\square \times 5 = \square + 28 \qquad 将\square画成：\blacksquare$$

⭐2 那么等式两边可以分别用图表示出来

$$\square \times 5 = \square + 28$$

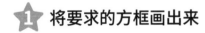

$\square \times 5 \quad \rightarrow$　▮▮▮▮▮

$\square + 28 \quad \rightarrow$　▮ [28]

3 对图进行进一步分析

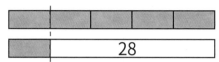

→ = 28

■ = 28 ÷ 4 = 7，即 □ = 7

4 得出答案

$$4 个 □ = 28 \quad → \quad □ = 28 ÷ 4 = 7$$

画图更容易分析和理解，后面还有更多画图法的应用

▶ 你是用的这种方法吗？ 😊 是的 □   😎 不是 □

▶ 你学会这种方法了吗？ 😊 会了 □   😰 不会 □

▶ 你推荐这种方法吗？ ☆ ☆ ☆ ☆ ☆

🎓 **我是小讲师**

学会了方法，你一定迫不及待想尝试一下啦！

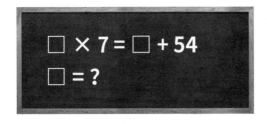

写下你的解题过程吧，然后选择一道题讲给家长听

乘法口诀不用背

第1步 —————————————————————— 观察

⭐ **1** 我们先来观察一下乘法口诀表有哪些特征

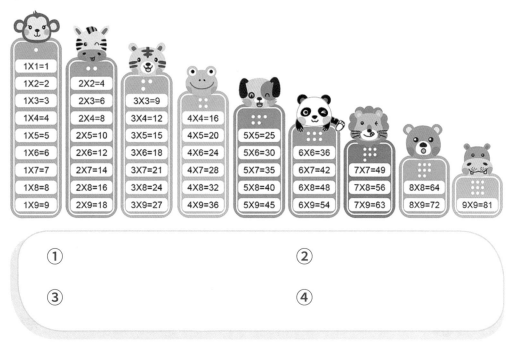

① ② ③ ④

(你能发现几个特征呢？试着写下来吧，画出来也可以)

⭐ **2** 一共发现 4 个特征

 ① (从左到右越来越低)

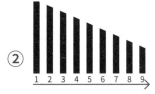 ② (从左到右，开头从 1× 到 9×)

71

③ 每一列开头从 1×1、2×2 一直到 9×9

④ 从上到下，每一列都是从自己 × 自己开始，到最后 ×9

（第 2 步）———————————— 写框架

掌握了特征规律，我们自己来写乘法口诀表吧！

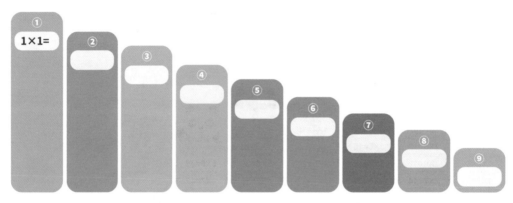

（先写下每列的开头吧，不用写出答案）

 我们已经完成了制作乘法口诀表的第一步，再接再厉！

（第 3 步）———————————— 完善

 根据乘法口诀表的特征，继续对它进行完善！

> **填空**
>
> 再来单独看每一列，比如第一列，从 1×1 开始，
>
> 到 1×2，（　　），…，最后到（　　）

2 根据每一列的规律，现在填出所有的乘法算式吧！

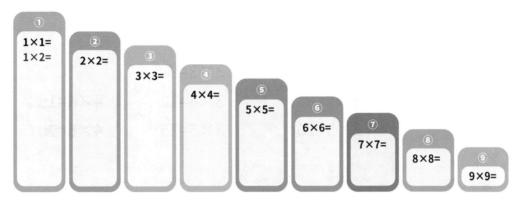

①
1×1=
1×2=

②
2×2=

③
3×3=

④
4×4=

⑤
5×5=

⑥
6×6=

⑦
7×7=

⑧
8×8=

⑨
9×9=

(按顺序写出每一列，不用写出答案)

第 **4** 步 ———————————————— 乘法原理

 我们先来回顾一下刚刚学习的乘法原理

3×3=___（代表 3 个 3 相加）→ **3+3+3=9**

4×5=___（代表 5 个 4 相加）→ **4+4+4+4+4=20**

 用乘法原理来看每一列

1×1=1
1×2=1+1
1×3=1+1+1   2×2=2+2
1×4=1+1+1+1   2×3=2+2+2
1×5=1+1+1+1+1   2×4=2+2+2+2   3×3=3+3+3
                  2×5=2+2+2+2+2   3×4=3+3+3+3   4×4=4+4+4+4
                                       3×5=3+3+3+3+3   4×5=4+4+4+4+4

⭐3 总结规律，得出结论

$1×1=1$
$1×2=2$ }$+1$ $2×2=4$
$1×3=3$ }$+1$ $2×3=6$ }$+2$ $3×3=9$
$1×4=4$ }$+1$ $2×4=8$ }$+2$ $3×4=12$ }$+3$ $4×4=16$
$1×5=5$ }$+1$ $2×5=10$ }$+2$ $3×5=15$ }$+3$ $4×5=20$ }$+4$

发现每一列都是有规律的递增

第5步 ──────────────── 完美一击

⭐1 先根据乘法原理算出每列开头的答案

$1×1=$____ $2×2=$____ $3×3=$____

$4×4=$____ $5×5=$____ $6×6=$____

$7×7=$____ $8×8=$____ $9×9=$____

⭐2 填入每列开头，根据规律补充完整个乘法口诀表吧！

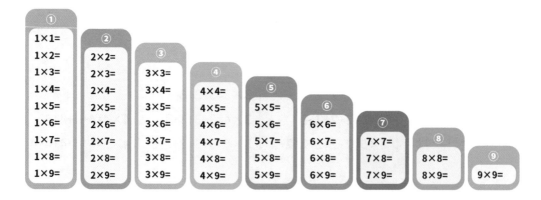

第 6 步 ———————————————— 拓展

 我们都是竖着看的，如果横着看有没有规律呢？

| 1×1=1 |
1×2=2	2×2=4
1×3=3	2×3=6	3×3=9
1×4=4	2×4=8	3×4=12	4×4=16
1×5=5	2×5=10	3×5=15	4×5=20

 你发现了什么规律呢，试着写一下吧！

第 7 步 ———————————————— 巩固

 根据前面的步骤，自己再完整写一遍乘法口诀表吧！

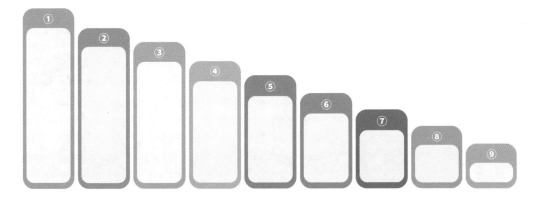

戴老师有话说

　　看完这一章的家长们会发现，其实大部分孩子学习乘法口诀的时候都是靠死记硬背，没有想过去探索规律，也没有问过为什么答案是这样子的。多数老师只是一味地让孩子去背结论，背熟练之后计算快一些，这其实是一种本末倒置的教学方式，就算把答案算出来，孩子也不懂原理。

　　所以这一章我通过一个关于乘法的题目来引出，让孩子知道原来就算背会了乘法口诀表，有的题依然不会解。然后我们再回到本质去探索乘法口诀的原理，根据戴老师的引导自己一步步推导出乘法口诀表。在这个过程当中经历了观察，经历了写框架，经历了计算，经历了找寻规律，到最后独立推导出整个口诀表。当经历了这个思考和探索的过程，孩子对数学的看法就不一样了。以后遇到的每一个公式，孩子都会想办法去探究其背后的原理，都会想办法去推导。这样，孩子学数学的热情和效率就会不断提高，学数学也就不再痛苦了。

每个孩子都有成为
超级学霸的可能性

07 讨厌的拦路虎—— 和差倍公式

 ## 在不久以前

有一个学霸老师——戴老师，
她不喜欢学生们靠死记硬背来做题……

据说每一个学霸都会自己推导公式，你希不希望成为不靠死记硬背，而靠自己推导出公式的小学霸呢？

跟着戴老师，一起发现公式背后的秘密吧！

戴老师发现有学生在背公式做题

甲、乙之和为 25，甲比乙多 11 。问：甲、乙分别为多少？

同学们，你们见过这种类型的题吗？对很多人来说，这类题可能是讨厌的拦路虎。很多小朋友喜欢用公式解决，你来试试吧！

（试着写下你的解题思路吧！不会做没关系，写下感受也可以）

戴老师提出问题

> 和差问题
>
> 甲、乙之和为 25，甲比乙多 11。
> 问：甲、乙分别为多少？

 多种解法分析

 ———————————————— 公式法

 如果你接触过这种题，那么有一个公式

$$大数 =(和 + 差)÷2 \qquad 小数 =(和 - 差)÷2$$

2 代入公式

$$大数=(和+差)÷2 \qquad 小数=(和-差)÷2$$
$$\downarrow \quad \downarrow \qquad\qquad \downarrow \quad \downarrow$$
$$甲=(25+11)÷2 \qquad 乙=(25-11)÷2$$

 得出答案

$$甲=(25+11)÷2 \qquad 乙=(25-11)÷2$$
$$=36÷2 \qquad\qquad =14÷2$$
$$=18 \qquad\qquad\quad =7$$

⭐**4** 验算结果是否正确

甲 = 18，乙 = 7

验算：甲 + 乙 = 18+7=25 ☑，甲 − 乙 = 18−7=11 ☑

> 记住公式虽然做题快，但不明白原理是很难举一反三的

▶ 你是用的这种方法吗？　　😊 是的 □　　😎 不是 □

▶ 你推荐这种方法吗？　　☆☆☆☆☆

解法 ② ──────────────────── CPA 建模法

⭐**1** 先根据已知条件画图

甲比乙多 11，用图表示：

甲：

乙：

甲、乙之和为 25，用图表示：

甲：

乙：

25

将两个图合起来分析

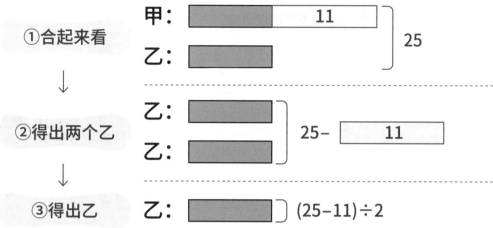

①合起来看

甲：[11   ] ┐
                 ├ 25
乙：[   ] ┘

②得出两个乙

乙：[   ] ┐
         ├ 25- [11   ]
乙：[   ] ┘

③得出乙

乙：[   ]) (25−11)÷2

 或者这样分析，同样一目了然

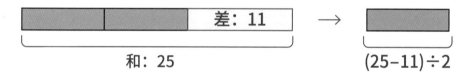

差：11 →

和：25   (25−11)÷2

 那么我们可以自己得出公式

乙 =(25−11)÷2   →   小数=(和−差)÷2

用同样的方式来推导出甲，也就是大数

问：按上面的方法，怎么凑出两个甲？

答：可以先借 11 给乙

①合起来看

甲： | 11 |
乙： |

} 25

↓

②借乙11，乙
变得和甲一样

甲： | 11 |
乙： | 11 |

} 25+11
乙多了11，那么
总数也多11

↓

③得出甲

甲： | 11 |

} (25+11)÷2

⑥ 得出甲（大数）的公式

$$甲 = (25+11) ÷ 2 \quad → \quad 大数 = (和+差) ÷ 2$$

备注一下

CPA 建模法（新加坡数学建模思维）

C——Concrete（具象化）：通过实物，培养数感

P——Pictorial（形象化）：形象分析、画图、建模

A——Abstract（抽象化）：运用算式和符号演算，举一反三

戴老师特别推荐的 CPA 建模法，画图建模是培养思维的好方法

▶ 你是用的这种方法吗？ 😊 是的 □   😎 不是 □

▶ 你学会这种方法了吗？ 😊 会了 □   🥺 不会 □

▶ 你推荐这种方法吗？ ☆☆☆☆☆

解法 3 ———————————————————————— 天平法

 先根据条件列出等式

① 甲、乙之和为25：甲+乙=25

② 甲比乙多11：甲−乙=11

 学习过二元一次方程组的可能要开始解方程了，但先别急着解喔

 用更多孩子能接受的天平思维来分析

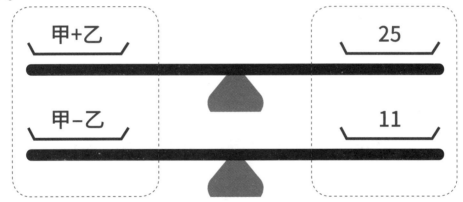

 左加左等于右加右，合起来看

①合起来看　(甲+乙)+(甲−乙)=25+11

↓

②去掉括号　甲+乙+甲−乙=25+11

↓

③抵消掉乙　甲+甲=25+11

↓

④得出甲　甲=(25+11)÷2

那么我们可以自己得出公式

$$甲 =(25+11)÷2 \quad \rightarrow \quad 大数=(和+差)÷2$$

 左减左等于右减右，合起来看

①合起来看　　(甲+乙)-(甲-乙)=25-11
　　↓
②去掉括号　　甲+乙-甲+乙=25-11
　　　　　　　(注意：括号前为减号，开括号要变号)
　　↓
③抵消掉甲　　乙+乙=25-11
　　↓
④得出乙　　　乙=(25-11)÷2

6 得出乙（小数）的公式

$$乙 =(25-11)÷2 \quad \rightarrow \quad 小数=(和-差)÷2$$

戴老师推荐的天平思维，等式两边相当于天平两边

▶ 你是用的这种方法吗？　😊 是的 □　　😎 不是 □
▶ 你学会这种方法了吗？　😊 会了 □　　😟 不会 □
▶ 你推荐这种方法吗？　　☆☆☆☆☆

若此类题型换一种问法，背公式还有用吗？

戴老师提出问题

和差问题

甲有 42 元，乙有 18 元。

问：甲给乙____元之后，乙比甲多 30 元？

(试着写下你的解题思路吧！不会做没关系，写下感受也可以)

观察发现，这个题靠背公式解决不了，
我们一起来画图吧！

 解法 ——————————————————— **CPA 建模法**

 之前的情况画图表示

刚开始甲有 42 元，乙有 18 元

甲： 42

乙： 18

} 42+18=60

 之后的情况画图表示

甲给乙之后，乙比甲多 30 元，和不变

甲：

乙： 30

} 60

3 分析可以得出甲

甲：

甲：

$60-$ 30 $=30$

甲： $\longrightarrow$ $30÷2=15$

4 再和之前的甲作比较，可以知道甲给出去了多少

甲（之后）： 15

$42-15=27$

甲（之前）： 42

5 一起列一下综合算式吧

$$42-[(42+18)-30]÷2=27(元)$$

用 CPA 建模法画图一步一步推导，培养思维，养成自主推导的好习惯

▶ 你是用的这种方法吗? 是的 □ 不是 □

▶ 你学会这种方法了吗? 会了 □ 不会 □

▶ 你推荐这种方法吗? ☆ ☆ ☆ ☆ ☆

戴老师提出问题

和倍问题

甲、乙之和为 72，甲是乙的 5 倍。

问：甲、乙分别为多少？

(试着写下你的解题思路吧！不会做没关系，写下感受也可以)

 多种解法分析

 ————————————— 公式法

 如果你接触过这种题，那么有一个公式

小数=和÷(倍数+1)　　　大数=倍数×小数

 代入公式

小数=和÷(倍数+1)　　　大数=倍数×小数
　↓　↓　　↓　　　　　　↓　　↓　　↓
　乙 =72÷(5 + 1)　　　甲 = 5 × 乙

3 得出答案

乙=72÷(5+1)　　　　甲=5×12

　　=72÷6　　　　　　　=60

　　=12

4 验算结果是否正确

甲 = 60，乙 = 12

验算：甲+乙= 60+12=72 ☑，甲÷乙= 60÷12=5 ☑

戴老师建议记公式前，还是先弄明白原理，这样才能举一反三

▶ 你是用的这种方法吗？　😊 是的 □　　😎 不是 □

▶ 你推荐这种方法吗？　☆ ☆ ☆ ☆ ☆

解法 **2** ──────────── CPA 建模法

1 先根据已知条件画图

甲是乙的 5 倍，用图表示：

乙：| 1 |

甲：| 1 | 2 | 3 | 4 | 5 |

甲、乙之和为 72，用图表示：

乙：

甲：
} 72

⭐2 结合起来可知，6 个乙等于 72

左边一共 6 个乙 = 右边 72

=72

乙： =72÷6=12

甲： =5×12=60

⭐3 那么我们可以自己得出公式

乙=72÷(5+1)=12 → 小数=和÷(倍数+1)

甲=5×12=60 → 大数=倍数×小数

戴老师喜欢分享 CPA 建模法，和倍问题画图就能一目了然

▶ 你是用的这种方法吗？ 😊 是的 □ 😎 不是 □

▶ 你学会这种方法了吗？ 😊 会了 □ 🙁 不会 □

▶ 你推荐这种方法吗？ ☆☆☆☆☆

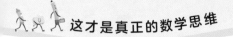

解法 3 ———————————————————————— 代换思维

 先列出等式

①甲、乙之和为 72：甲 + 乙 =72

②甲是乙的 5 倍：甲 =5 乙

2 把甲和乙换成我们常见的图形

将甲看成：■，将乙看成：●

可得：■ + ● =72，■ = ● + ● + ● + ● + ●

3 整体代换，可以直接将正方形换成 5 个圆形

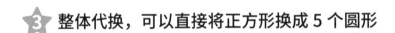

■ + ● =72 → ● + ● + ● + ● + ● + ● =72

6 个 ● =72，● =72÷6=12

4 圆形代表乙，那我们可以求出甲

■ = ● + ● + ● + ● + ● ，

■ =5×12=60

那么我们可以自己得出公式

乙=72÷(5+1)=12 → 小数=和÷(倍数+1)

甲=5×12=60 → 大数=倍数×小数

利用戴老师分享的整体代换思维，可直接将甲用乙进行代换

▶ 你是用的这种方法吗?　☺ 是的 □　😎 不是 □

▶ 你学会这种方法了吗?　☺ 会了 □　🙁 不会 □

▶ 你推荐这种方法吗?　☆ ☆ ☆ ☆ ☆

举一反三，我们换个更难的题目试试吧！

 戴老师提出问题

和倍问题

甲有 39 元，乙有 41 元。

问：甲给乙＿＿＿元之后，乙的钱是甲的 3 倍?

(试着写下你的解题思路吧！不会做没关系，写下感受也可以)

同样地，这个题靠背公式解决不了，
我们一起来画图吧！

解法 ——————————————— CPA 建模法

 之前的情况画图表示

刚开始甲有 39 元，乙有 41 元

甲： 39
乙： 41
} 39+41=80

 之后的情况画图表示

甲给乙之后，乙的钱是甲的 3 倍，和不变

甲：
乙：
} 80

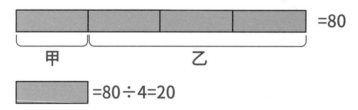 左边合起来看看

=80

甲　　乙

=80÷4=20

 将甲之前之后的情况进行比较

甲（之前）： 39

甲（之后）： 20 　39-20=19

5 一起列一下综合算式吧

$$39-(39+41)\div(3+1)=19(\text{元})$$

用 CPA 建模法画图一步一步推导，培养思维，养成自主推导的好习惯

▶ 你是用的这种方法吗？ 😊 是的 □　😎 不是 □

▶ 你学会这种方法了吗？ 😊 会了 □　😥 不会 □

▶ 你推荐这种方法吗？ ☆ ☆ ☆ ☆ ☆

 戴老师提出问题

差倍问题

甲、乙之差为 48，甲是乙的 3 倍。

问：甲、乙分别为多少？

(试着写下你的解题思路吧！不会做没关系，写下感受也可以)

这才是真正的数学思维

 多种解法分析

解法 1 ——————————————————————— 公式法

 如果你接触过这种题，那么有一个公式

小数=差÷(倍数−1)　　　大数=倍数×小数

2 代入公式

小数=差÷(倍数−1)　　　大数=倍数×小数
　↓　　↓　　　↓　　　　　　↓　　↓　　↓
乙 =48÷(3 – 1)　　　甲 = 3 × 乙

3 得出答案

乙=48÷(3−1)　　　　　甲=3×24

　=48÷2　　　　　　　　　=72

　=24

 验算结果是否正确

甲 = 72，乙 = 24

验算：甲−乙= 72−24=48 ☑，甲÷乙= 72÷24=3 ☑

背公式只能解决一些典型的题，
题变换一下你可能就不会做了

94

▶ 你是用的这种方法吗？　 是的 □　 不是 □

▶ 你推荐这种方法吗？　☆☆☆☆☆

 ——————————————— CPA 建模法

 先根据已知条件画图

甲是乙的 3 倍，用图表示：

乙：　| 1 |

甲：　| 1 | 2 | 3 |

甲、乙之差为 48，用图表示：

乙：　|　　|　　48

甲：　|　　|　　|　　|

 结合起来可知，2 个乙等于 48

|　　|　　| =48

乙：　|　　| =48÷2=24

甲：　|　　|　　|　　| =3×24=72

⭐**3** 那么我们可以自己得出公式

$$乙 = 48 \div (3-1) = 24 \quad \rightarrow \quad 小数 = 差 \div (倍数 - 1)$$

$$甲 = 3 \times 24 = 72 \quad \rightarrow \quad 大数 = 倍数 \times 小数$$

戴老师喜欢分享 CPA 建模法，差倍问题画图也能一目了然

▶ 你是用的这种方法吗？   😊 是的 ☐   😎 不是 ☐

▶ 你学会这种方法了吗？   😊 会了 ☐   🙁 不会 ☐

▶ 你推荐这种方法吗？   ☆ ☆ ☆ ☆ ☆

 ——————————————————————— 代换思维

1️⃣ 先列出等式

①甲、乙之差为 48：甲 − 乙 = 48

②甲是乙的 3 倍：甲 = 3 乙

2️⃣ 把甲和乙换成我们常见的图形

将甲看成：■ ，将乙看成：●

可得：■ − ● = 48，■ = ● + ● + ●

3 整体代换，可以直接将正方形换成 3 个圆形

$$■ - ● = 48 \quad \rightarrow \quad ● + ● + ● - ● = 48$$

$$2 \text{ 个 } ● = 48，● = 48 \div 2 = 24$$

4 圆形代表乙，那我们可以求出甲

$$■ = ● + ● + ●，\quad ■ = 3 \times 24 = 72$$

5 那么我们可以自己得出公式

$$乙 = 48 \div (3-1) = 24 \quad \rightarrow \quad 小数 = 差 \div (倍数-1)$$

$$甲 = 3 \times 24 = 72 \quad \rightarrow \quad 大数 = 倍数 \times 小数$$

> 戴老师分享的整体代换思维，可以为以后的方程学习打基础

▶ 你是用的这种方法吗？　😊 是的 □　　😎 不是 □

▶ 你学会这种方法了吗？　😊 会了 □　　😟 不会 □

▶ 你推荐这种方法吗？　☆☆☆☆☆

差倍问题也有举一反三，这次换你来试试吧！

戴老师提出问题

差倍问题

甲有 480 元，乙有 200 元，甲和乙花掉相同的钱后，甲的钱是乙的 5 倍。

问：甲和乙花掉了多少钱？

表演时间到！根据戴老师的提示，由你来解答这道题吧！

解法 ——————————————— CPA 建模法

1 之前的情况画图表示

2 之后的情况画图表示

3 合起来看看，求出之后的乙

4 比较乙之前之后的情况，得出答案

5 列一下综合算式吧

如果你做出来了，那么恭喜你初步掌握 CPA 建模法啦

▶ 你学会这种方法了吗？ 😊 会了 ☐ 😧 不会 ☐
▶ 你推荐这种方法吗？ ☆ ☆ ☆ ☆ ☆

戴老师有话说

本章给孩子们推导了和差问题、和倍问题以及差倍问题的公式。

我希望孩子们通过这章能够看到那些我们曾经死记硬背的公式背后的原理，同时也希望你们能够学会CPA建模法，在脑海中培养了画面感之后，对数学的兴趣是完全不一样的。

同时我还想告诉孩子们，小学阶段、初中阶段几乎所有的公式都是可推导、可回归本质的。

想必戴老师已经激发起了你们对数学的兴趣，接下来继续跟我学习更深层次的内容吧！

思维可以跨越
年龄的界限

08 孙悟空打什么妖怪—— 提取公因数

 在不久以前

戴老师喜欢将提取公因数称为"孙悟空打妖怪"……

戴老师经常在课堂上提到"孙悟空打妖怪"!

有人可能会好奇,戴老师明明教的是数学课,总是和数字打交道,怎么会出现"孙悟空"和"妖怪"呢?

其实戴老师说的是提取公因数,我们来看一个例子:$24 \times 8 + 24 \times 2 = 24 \times (8+2)$。

我们把24当成孙悟空,乘号是金箍棒,要打8和2这两个"妖怪",怎么打比较方便呢?就把8和2这两个"妖怪"收进一个袋子里,一起打!

所以戴老师一说"孙悟空打妖怪",就是提取公因数的意思。

提取公因数用公式怎么表示?

$$a \times b + a \times c = a \times (b+c)$$

同学们,这是提取公因数的公式,它其实是乘法分配律的逆运算,你知道怎么推导出来吗?可以试一试

(试着写下你的推导思路吧!不会做没关系,写下感受也可以)

解密篇

 戴老师提出问题

如何推导提取公因数公式：$a×b+a×c=a×(b+c)$

 多种解法分析

 ——————————————— 乘法原理

 回归乘法的基本原理来思考

先看简单的情况，用乘法的基本原理来表示 2×3：

① 3 个 2 相加：2+2+2　　② 2 个 3 相加：3+3

 根据乘法原理来理解 $a×b$，$a×c$

$a×b$（可以表示 b 个 a 相加）

$a×b=\underbrace{a+a+a+\cdots+a+a+a}_{b个a}$

$a×c$（可以表示 c 个 a 相加）

$a×c=\underbrace{a+a+a+\cdots+a+a+a}_{c个a}$

合起来理解 $a×b+a×c$

$a×b+a×c$（可以表示 b 个 a 的和加上 c 个 a 的和）

$a×b+a×c=\underbrace{a+a+\cdots+a+a}_{b\,个\,a}+\underbrace{a+a+\cdots+a+a}_{c\,个\,a}$

→　合起来看

$a×b+a×c=\underbrace{a+a+\cdots+a+a+a+a+\cdots+a+a}_{(b+c)\,个\,a}$

 再用一次乘法的基本原理

$\underbrace{a+a+\cdots+a+a+a+a+\cdots+a+a}_{(b+c)\,个\,a}=a×(b+c)$

 综合一下，得出结论

$a×b+a×c=\underbrace{a+a+a+\cdots+a+a+a}_{(b+c)\,个\,a}=a×(b+c)$

提取公因数：$a×b+a×c=a×(b+c)$

用乘法的基本原理来推导提取公因数公式，拒绝死记硬背

▶ 你是用的这种方法吗？　　😊 是的 □　　😎 不是 □

▶ 你学会这种方法了吗？　　😊 会了 □　　😟 不会 □

▶ 你推荐这种方法吗？　　　☆☆☆☆☆

6 还有一个减法的提取公因数公式

提取公因数（减法）：$a \times b - a \times c = \underline{\quad\quad}(b>c)$

7 这个公式是什么呢？你试着来推导一下吧！

 ——— 点阵法

1 用点阵法来思考

先看简单的情况，用点阵来表示 2×3

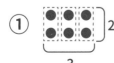 2+2+2

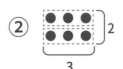 3+3

⭐ **2** 用点阵来表示出 $a×b$，$a×c$

$a×b$（可以表示为 a 列，b 行的点阵）

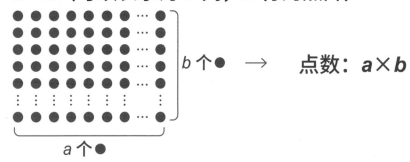

b 个● → 点数：$a×b$

a 个●

$a×c$（可以表示为 a 列，c 行的点阵）

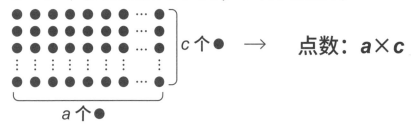

c 个● → 点数：$a×c$

a 个●

⭐ **3** 将两个点阵拼起来

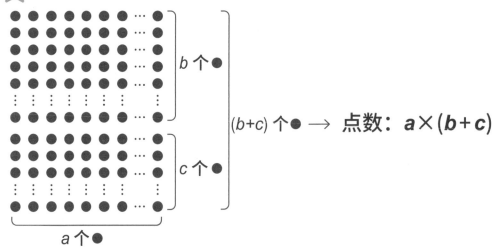

b 个●

$(b+c)$ 个● → 点数：$a×(b+c)$

c 个●

a 个●

a 列，$(b+c)$ 行的点阵 → 点数：$a×b+a×c$

根据点阵可以推导出

$$a \times b + a \times c = a \times (b + c)$$

戴老师推荐的点阵法思维启发，用点阵的方式能更直观地表达算式

▶ 你是用的这种方法吗？ 😊 是的 □　　😎 不是 □

▶ 你学会这种方法了吗？ 😊 会了 □　　😟 不会 □

▶ 你推荐这种方法吗？ ☆ ☆ ☆ ☆ ☆

 还有一个减法的提取公因数公式

提取公因数（减法）：$a \times b - a \times c = \underline{\quad\quad}(b > c)$

 试着用点阵法来推导一下吧！

解法 3 ———————————————————————— 故事法

 讲故事也可以推导公式

> 　　森林里有40只兔子，每只兔子每天需要出去挖25根胡萝卜带回家。
> 　　有一天，又来了4只流浪的兔子，想要加入这个大家庭。
> 　　原来的兔子们商量了好久，给出一个方案：如果每只流浪兔子每天也带25根胡萝卜回来，那就让这些兔子加入它们。
> 　　聪明的小朋友们，你们来帮小兔子们算算：这样它们每天一共能带回多少根胡萝卜呢？

 根据故事列算式

方法一：

① 25×40=1000(根)　(40 只兔子原本每天能带回 1000 根胡萝卜)

② 25×4=100(根)　(4 只流浪兔子每天能带回 100 根胡萝卜)

③ 1000+100=1100(根)　(所有兔子每天一共能带回 1100 根胡萝卜)

综合算式：25×40+25×4=1100(根)

方法二：

① 40+4=44(只)　(一共有 44 只兔子)

② 25×44=1100(根)　(44 只兔子，每只兔子每天 25 根，它们每天一共能带回 1100 根胡萝卜)

综合算式：25×(40+4)=1100(根)

3 两种方法同一结果，得出结论

$$25 \times 40 + 25 \times 4 = 25 \times (40 + 4)$$

4 根据算式得出公式

$$a \times b + a \times c = a \times (b + c)$$

来自戴老师的故事法，根据同一问题的不同方法来推导出公式

5 还有一个减法的提取公因数公式

提取公因数（减法）：$a \times b - a \times c = \underline{\quad\quad} (b > c)$

6 你也来讲个故事推导一下吧！

▶ 你是用的这种方法吗？　😊 是的 □　😎 不是 □

▶ 你学会这种方法了吗？　😊 会了 □　😟 不会 □

▶ 你推荐这种方法吗？　☆ ☆ ☆ ☆ ☆

解法 4 ——————————————————————— 面积法

⭐ 1 乘法算式的几何意义就是长方形的面积

$a×b$（表示长 a，宽 b 的长方形的面积）

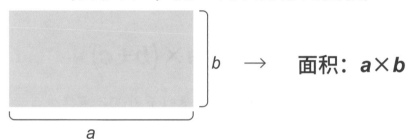

b → 面积：$a×b$

a

$a×c$（表示长 a，宽 c 的长方形的面积）

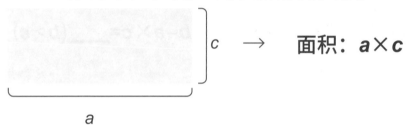

c → 面积：$a×c$

a

⭐ 2 将两个长方形拼起来

$a×b+a×c$（表示 2 个长方形的面积之和）

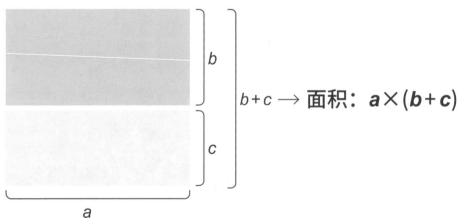

b

$b+c$ → 面积：$a×(b+c)$

c

a

3 根据长方形面积拼接，可以得出结论

$$a \times b + a \times c = a \times (b + c)$$

戴老师推荐的数形结合面积分析法，推导公式轻轻松松

4 还有一个减法的提取公因数公式

提取公因数（减法）：$a \times b - a \times c = \underline{\quad\quad}(b > c)$

5 根据数形结合面积法，试试画图推导一下吧！

▶ 你是用的这种方法吗？ 😊 是的 □　　😎 不是 □

▶ 你学会这种方法了吗？ 😊 会了 □　　😶 不会 □

▶ 你推荐这种方法吗？ ☆ ☆ ☆ ☆ ☆

易错题分析

 小林记住公式后，做了下面两个题

$$25\times(100+1) \qquad 25\times99+25$$

① $25\times(100+1)$

$=25\times100+1$

$=2501$

② $25\times(99+25)$

$=25\times124$

$=3100$

 你觉得小林做得对吗？如果是错的，你能根据我们学习的推导方法思考思考，然后改正过来吗？

$$25\times(100+1) \qquad\qquad 25\times99+25$$

死记硬背很难明白公式，只有真正理解原理才能做对各种易错题

题型升华

 戴老师发现了一个初中的题，和我们刚才学习的原理相同

合并同类项：$25a^3+a^2-(21a^3-2a^2)+7$

（同类项就是所含字母相同、相同字母右上角的次数也相同的项）

2 先开括号，注意括号前是减号，开括号要变号

$$25a^3+a^2-(21a^3-2a^2)+7=25a^3+a^2-21a^3+2a^2+7$$

3 带符号搬家，将同类项放到一起

$$25a^3+a^2-21a^3+2a^2+7=25a^3-21a^3+a^2+2a^2+7$$

4 提取公因数（式）用起来

$$25a^3-21a^3+a^2+2a^2+7=(25-21)a^3+(1+2)a^2+7$$

25个a^3减去21个a^3　　1个a^2加上2个a^2

$$=4a^3+3a^2+7$$

恭喜你学会初中这类题型啦！真的太厉害啦！

戴老师有话说

　　提取公因数以及乘法分配律
是计算板块特别特别重要的公式，所以
公式的推导也尤其重要，掌握原理后就能避免
在各个场景的应用里面因为粗心而出错了。

　　关于推导提取公因数的公式，一共讲到了四种方法：第一种是基于乘法的本质；第二种是点阵法；第三种是故事法，也就是情景教学法；第四种是通过数形结合把乘法转化为面积的方法。四种方法的推导其实是在帮助孩子打开四种思维角度。当我们砍柴的时候轻轻松松，就知道磨刀的重要性了。同样地，当我们在实际做题时思维敏捷、反应迅速，就会明白推导公式的重要性了。

 我是小讲师

　　学会了方法，你一定迫不及待想尝试一下啦！

① $98 \times 25 + 25 \times 2 = ?$

② $5 \times (40 + 8) = ?$

③ $37a^3 + 9a^2 - 27a^3 + a^2 - 11 = ?$

写下你的解题过程吧，然后选择一道题讲给家长听

有时候，

快就是慢，

慢就是快

数形结合的奥秘——
完全平方和平方差

在不久以前

在上初中以后，有几个经常会用到的公式——
完全平方公式和平方差公式

这章戴老师主要是想给大家讲完全平方公式和平方差公式的推导。其实这本来应该是初中才学的东西，但是以前我教初中学生的时候，发现很多人能记住公式，但是不会用，或者是经常乱用，我就意识到他们并没有真正地懂得公式的原理。再后来小学阶段的奥数竟然也涉及这些内容，既然是在小学阶段遇到了，戴老师肯定不能让大家只是去死记硬背。这个阶段同学们的思维还有很大的扩展空间，所以我就想把这些公式通过具象的方式推演一遍，希望能激发大家的探知欲。

以后遇到新公式，不妨先问自己这个公式是怎么来的，并尝试自己推导一下。一旦形成这样的提问机制，恭喜你，你的数学思维能力又迈上了一个新的台阶。

那么接下来跟着戴老师一起来学习这章的精彩内容吧。

你见过这两个公式吗？

$$(a+b)^2=a^2+2ab+b^2$$
$$(a-b)^2=a^2-2ab+b^2$$

同学们，这就是完全平方公式，如果你见过，那你知道它们是怎么推导出来的吗？

（可以先尝试自己推导一下）

 戴老师提出问题

如何推导完全平方公式：

$$(a+b)^2=a^2+2ab+b^2$$
$$(a-b)^2=a^2-2ab+b^2$$

 多种解法分析

 ———————————————— 点阵法

 跟随戴老师的引导提问，找出解法思路

问：根据 $(a+b)^2$，你能联想到什么？

答：边长为 $(a+b)$ 个点的正方形点
阵，求点数。

提示：数形结合点阵法

来画一下边长为 (a+b) 的点阵

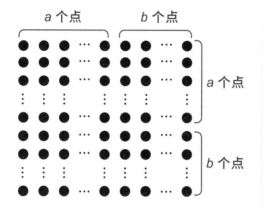

问：此时一共有多少个点？

↓

① 边长为 (a+b) 个点

↓

② 根据边长 × 边长，
有 (a+b)×(a+b) 个点

↓

③ 共有 $(a+b)^2$ 个点

 $(a+b)^2$ 除了能表示正方形点阵的点数，还能表示什么呢？

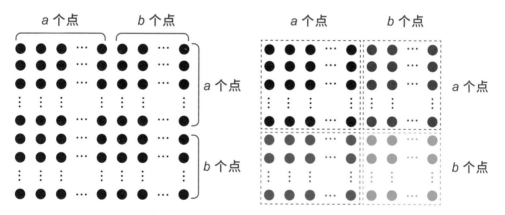

⭐**4** 表示出部分的点数，总点数等于 4 个部分点数之和

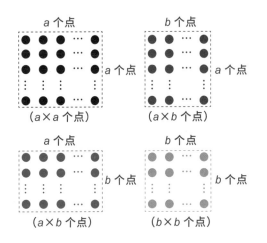

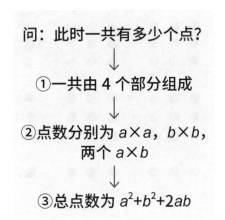

问：此时一共有多少个点？

↓

① 一共由 4 个部分组成

↓

② 点数分别为 $a \times a$，$b \times b$，两个 $a \times b$

↓

③ 总点数为 $a^2 + b^2 + 2ab$

⭐**5** 得出完全平方公式

完全平方公式：$(a+b)^2 = a^2 + 2ab + b^2$

⭐**6** 我们再来看看减法的完全平方公式

问：根据 $(a-b)^2$，你能联想到什么？

答：边长为 $(a-b)$ 个点的正方形点阵，求点数。

★ 如右图，红框内表示的点数为 $(a-b)^2$

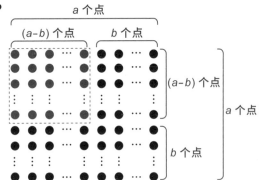

红框的点数还可以怎么表示?

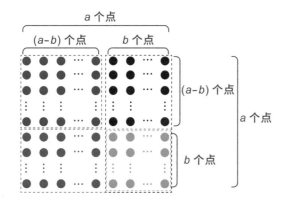

问: 红框内有多少个点?

↓

①总点数 – 黑框点数 – 蓝框点数 + 绿框点数

↓

②总点数 $a \times a$, 黑框 $a \times b$, 蓝框 $a \times b$, 绿框 $b \times b$

↓

③ $(a-b)^2 = a^2 - 2ab + b^2$

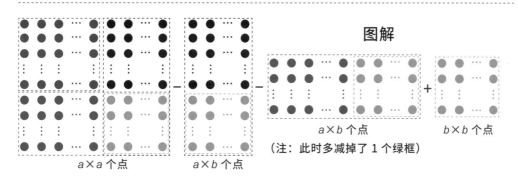

图解

$a \times b$ 个点

$b \times b$ 个点

(注: 此时多减掉了 1 个绿框)

$a \times a$ 个点

$a \times b$ 个点

 得出完全平方公式

完全平方公式: $(a-b)^2 = a^2 - 2ab + b^2$

来自戴老师的点阵法思维启发, 用点阵的方式更直观地表达算式

▶ 你是用的这种方法吗?　😊 是的 □　😎 不是 □

▶ 你学会这种方法了吗?　😊 会了 □　😟 不会 □

▶ 你推荐这种方法吗?　☆ ☆ ☆ ☆ ☆

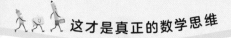

解法 2 ———————————————————— 面积法

 跟随戴老师的引导提问，找出解法思路

问：根据 $(a+b)^2$，你能联想到什么？

答：

> 提示：数形结合面积法

问：$a+b$，在面积法里表示什么？

答：

 用面积法更直观

$(a+b)^2$ 表示边长为 $(a+b)$ 的正方形的面积

 我们来看一下表示图

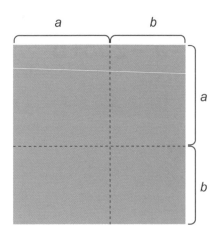

问：此时正方形面积为多少？

↓

①边长为 $(a+b)$

↓

②根据边长 × 边长，面积为 $(a+b)×(a+b)$

↓

③面积表示为 $(a+b)^2$

正方形面积还可以由 4 个部分组成

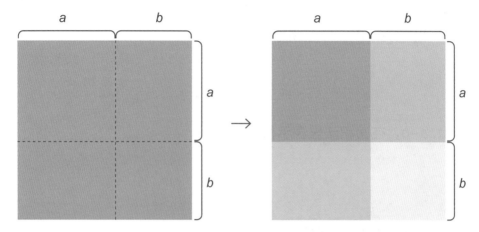

 单独表示出每个部分的面积

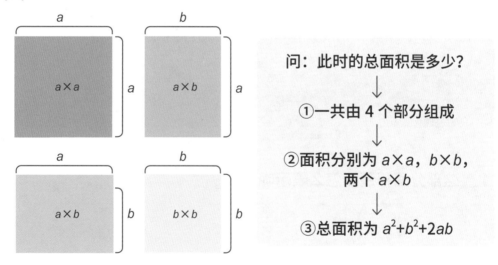

问：此时的总面积是多少？

↓

①一共由 4 个部分组成

↓

②面积分别为 $a×a$，$b×b$，
两个 $a×b$

↓

③总面积为 a^2+b^2+2ab

 得出完全平方公式

完全平方公式：$(a+b)^2=a^2+2ab+b^2$

还有个减法的完全平方公式

问：根据 $(a-b)^2$，你能联想到什么？

答：

问：$a-b$，在面积法里表示什么？

答：

提示：数形结合面积法

 接下来由你来完成推理吧，怎么画出 $(a-b)^2$ 的图形

这部分面积还能怎么表示呢？

得出完全平方公式

▶ 你是用的这种方法吗？　😊 是的 □　😎 不是 □

▶ 你学会这种方法了吗？　😊 会了 □　😖 不会 □

▶ 你推荐这种方法吗？　☆ ☆ ☆ ☆ ☆

 戴老师提出问题

如何推导平方差公式：

$$a^2-b^2=(a+b)\times(a-b)$$

 多种解法分析

 ————————————————————— 点阵法

 根据前面的推导，再一起来看看平方差公式

问：根据 a^2-b^2，你能联想到什么？

答：边长为 a 的正方形点阵点数减去边长为 b 的正方形点阵点数

⭐ **2** **在 *a*×*a* 的点阵里去掉 *b*×*b* 的点阵**

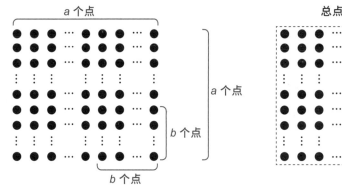

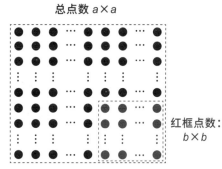

⭐ **3** **去掉后我们看看还剩下什么吧**

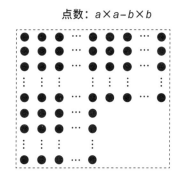

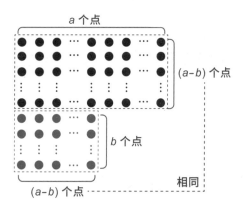

⭐ **4** **发现有一条边的点数相同，那么我们可以旋转一下**

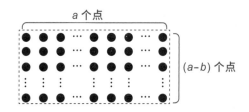

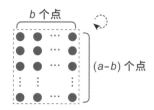

⑤ **将它们组合起来变成一个新的点阵**

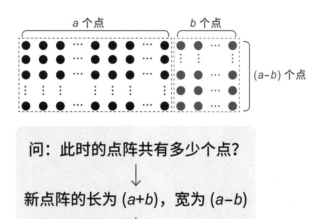

问：此时的点阵共有多少个点？

↓

新点阵的长为 $(a+b)$，宽为 $(a-b)$

↓

点数 $=(a+b)\times(a-b)$

⑥ **得出平方差公式**

平方差公式：$a^2-b^2=(a+b)\times(a-b)$

来自戴老师的点阵法思维启发，用点阵能推导很多公式

▶你学会这种方法了吗？　　☺ 会了 □　　😟 不会 □

▶你推荐这种方法吗？　　☆ ☆ ☆ ☆ ☆

解法 2 —————————————————————— 面积法

 在边长为 a 的正方形里减去一个边长为 b 的正方形

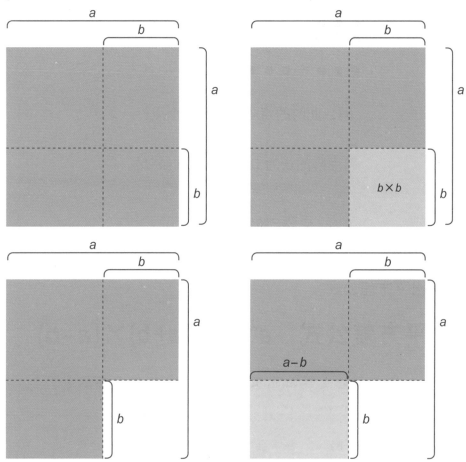

 拆开发现有一条边相等

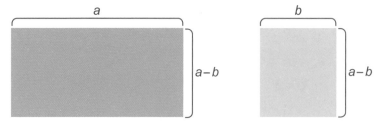

3 组成一个新的长方形

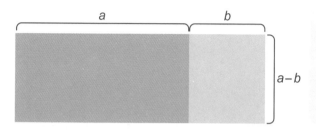

问：此时长方形面积
是多少？

↓

面积 $=(a+b)\times(a-b)$

4 得出平方差公式

平方差公式：$a^2-b^2=(a+b)\times(a-b)$

▶ 你学会这种方法了吗？ 😊 会了 □   😐 不会 □

▶ 你推荐这种方法吗？ ☆☆☆☆☆

 戴老师有话说

看完这章，大家有没有觉得醍醐灌顶？

戴老师提前告诉你们这些公式，并通过数形结合的点阵法和面积法将它们都推导一遍，之后等你们初中学因式分解以及配方法的时候，就会更加得心应手啦！

每个人的成功

都不是偶然

实践篇

应用题都是纸老虎

10 童年的噩梦——分数问题

在不久以前

戴老师觉得，数学的难点在于它很抽象……

很多人都会觉得数学特别难，那数学到底难不难呢？

确实也难，到底难在哪里呢？主要因为数学是比较抽象的，没那么好理解，就比如说3+5，凭什么要等于8？

但是如果戴老师把3给你转化成 ●●●，5转化为 ●●●●●，我们又知道加法就是合起来，所以我们一数就能知道——哦，加起来是8！

所以只要把不好理解的数学转化为有画面感的数学，孩子一下子就会喜欢上数学。在这一章里戴老师要给大家系统化地讲一讲有画面感的数学。

今天学习关于分数的应用题

全班有 72 个同学，其中男生人数是女生的 $\frac{3}{5}$，男生有多少人？

今天主要学习CPA建模思维，你来试着做一下这个题吧！

(试着写下你的解题思路吧！不会做没关系，写下感受也可以)

132

戴老师提出问题

问题一

全班有 72 个同学，其中男生人数是女生的 $\frac{3}{5}$，男生有多少人？

 多种解法分析

 ————————————————————————— 方程法

 学过方程的小朋友来回顾一下方程的解法吧

已知：男生人数是女生的 $\frac{3}{5}$

那么：设女生人数为 x 时，容易表示出男生人数为 $\frac{3}{5}x$

 设未知数，列方程

设女生的人数为 x

男生人数 + 女生人数 = 全班人数

$$\frac{3}{5}x \quad + \quad x \quad = \quad 72$$

根据关系列出方程

⭐**3** 解方程，得出女生人数

$$\frac{3}{5}x + x = 72$$

$$解：\frac{8}{5}x = 72$$

$$x = 72 \times \frac{5}{8}$$

$$x = 45$$

⭐**4** 已知女生人数，怎么求男生人数？

已知女生人数：45 人

↓

男生人数：$45 \times \frac{3}{5} = 27$(人)

↓

得出男生人数：27 人

⭐**5** 或者还能怎么得出男生人数，根据提示列出等式

男生人数 = 全班人数 − 女生人数

↓

答：男生有 27 人。

总结解题步骤

① 解：设女生人数为 x ② $\frac{3}{5}x + x = 72$，$x = 45$

③ $45 \times \frac{3}{5} = 27$（人）   ④ 答：男生有 27 人。

来自小学高年级的方程解法，需要有方程知识的基础

▶ 你是用的这种方法吗？ 😊 是的 □   😎 不是 □

▶ 你学会这种方法了吗？ 😊 会了 □   😟 不会 □

▶ 你推荐这种方法吗？ ☆ ☆ ☆ ☆ ☆

解法 2 ———————————— 量率对应法

 先寻找单位"1"

已知：男生人数是女生的 $\frac{3}{5}$

那么：把女生人数平均分为 5 份，男生人数占其中的 3 份

得出：女生人数为单位"1"

 画线段表示

"1" $\frac{3}{5}$

女生人数   男生人数

把线段图合一起，找出量率对应

女生人数："1"　　男生人数：$\frac{3}{5}$

全班人数：72人

 由线段图可知哪个量与哪个分率对应

男生人数 + 女生人数：$1+\frac{3}{5}$

全班人数：72人

全班人数具体的量为：72人

↓

全班人数对应的分率：$1+\frac{3}{5}$

 根据量率对应，可求出单位"1"

单位"1" = 具体量 ÷ 对应的分率

女生人数：$72÷(1+\frac{3}{5})=45($人$)$

 总结步骤，根据量率对应，三步解出答案

①$72÷(1+\frac{3}{5})=45($人$)$　　② $45×\frac{3}{5}=27($人$)$

③答：男生有 27 人。

来自分数应用题中量率对应的方法，找出量所对应的率，求单位"1"

▶ 你是用的这种方法吗？　😊 是的 □　　😎 不是 □

▶ 你学会这种方法了吗？　😊 会了 □　　😢 不会 □

▶ 你推荐这种方法吗？　　⭐ ⭐ ⭐ ⭐ ⭐

其实分数应用题之所以可怕，都是因为不易被理解

让我们回归本质，一起来探索分数的真正意义

解法 3 　　　　　　　　　　　　　　　　　CPA 建模法

 回归分数的本质，一起探索分数应用题的底层意义吧

①问：$\frac{1}{4}$ 用画图可以怎么表示？

答：示例①

②问：你还能用其他图表示吗？

答：

 探究一下分数的表达意义

比如：$\frac{1}{4}$ 用画图表示为

图中每一步所代表的意义是什么

①画一个整体

②将这个整体平均分成 4 份

③取出其中一份表示 $\frac{1}{4}$

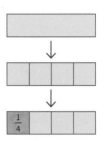

 我们来练习一下画图吧，你有几种画法呢？

问：$\frac{2}{5}$ 用画图怎么表示？

 了解意义后，我们再来看题

已知：男生人数是女生的 $\frac{3}{5}$

 该怎么画图表示呢？

①画一个整体代表女生人数

②将这个整体平均分成 5 份

③其中的 3 份 ($\frac{3}{5}$) 代表男生人数

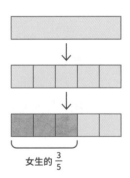

女生的 $\frac{3}{5}$

综合一下，可以得到下图

男生: 　　　　　　　　⎫
　　　　　　　　　　　⎬ 72人
女生: 　　　　　　　　⎭

 合起来看一下，求出每份代表的人数

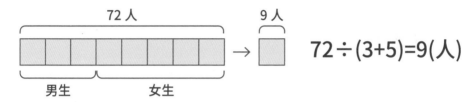

72÷(3+5)=9(人)

 男生占 3 份，女生占 5 份，求出男生和女生的人数

男生: 　　　　　9×3=27(人)

女生: 　　　　　9×5=45(人)

⭐ **总结步骤，根据 CPA 建模法，三步解出答案**

① 72÷(3+5)=9(人)　　　② 9×3=27(人)

③答：男生有 27 人。

戴老师非常推荐的 CPA 建模法，换个角度看数学

▶ 你是用的这种方法吗？　　😊 是的 □　　😎 不是 □

▶ 你学会这种方法了吗？　　😊 会了 □　　😐 不会 □

▶ 你推荐这种方法吗？　　⭐⭐⭐⭐⭐

以上三种方法，哪一种你觉得更容易理解呢？

戴老师提出问题

问题二

甲、乙共有 65 元，甲比乙多 $\frac{3}{5}$，甲有多少元钱？

解法 ————————————————————— CPA 建模法

1 审题思考，解读题目中重点内容

问：甲比乙多 $\frac{3}{5}$，表示什么？

答：甲在乙的基础上，还多出乙的 $\frac{3}{5}$

2 那么可以大致画图表示出甲、乙的钱数关系

甲：

乙：
　　　　　　　　甲比乙多的

甲比乙多的部分，到底是多少呢？

已知：甲比乙多乙的 $\frac{3}{5}$

乙：

乙的 $\frac{3}{5}$

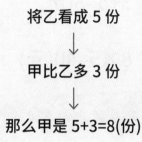

将乙看成 5 份
↓
甲比乙多 3 份
↓
那么甲是 5+3=8(份)

 那么我们可以得出下图，标出已知量

甲：

乙：

65 元

 合起来看一下，求出每份代表的钱数

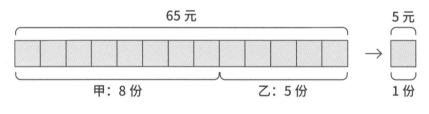

65 元

5 元

甲：8 份　　乙：5 份　　1 份

$$65 \div (8+5) = 5(元)$$

 甲占 8 份，乙占 5 份，可求出甲、乙的钱数

甲：　　$8 \times 5 = 40(元)$

乙：　　$5 \times 5 = 25(元)$

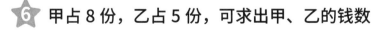

⭐ 总结步骤，根据 CPA 建模法，四步解出答案

① 3+5=8(份)　　　② 65÷(8+5)=5(元)

③ 8×5=40(元)　　　④答：甲有 40 元钱。

戴老师非常喜欢的 CPA 建模法，你喜欢这种方法吗？

▶ 你学会这种方法了吗？　😊 会了 □　　😟 不会 □
▶ 你推荐这种方法吗？　　☆☆☆☆☆

戴老师提出问题

问题三

有甲、乙、丙三个数，甲是乙的 4 倍，乙是丙的 $\frac{1}{5}$，甲为 60，问丙是多少？

这种多个量的题，不要怕绕，
跟着戴老师来画图

————————————————————— CPA 建模法

 根据已知关系来画图

已知：乙是丙的 $\frac{1}{5}$ （将丙平均分成 5 份，乙占其中 1 份）

乙：

丙：

 还是根据已知关系来画图

已知：甲是乙的 4 倍 （乙在上图已有）

甲：

乙：

 将图合起来看，标上已知量，求出丙

甲：   60

乙：   →   乙=60÷4=15

丙：   →   丙=15×5=75

 总结步骤，根据 CPA 建模法，三步解出答案

① 60÷4=15   ② 15×5=75

③答：丙为 75。

戴老师推荐的 CPA 建模法，多个量也能轻松理解

戴老师提出问题——之前之后模型

问题四

学校有一只足球队，女生占总人数的 $\frac{1}{3}$，后来又有 6 名女生加入，此时，女生占总人数的 $\frac{4}{9}$，现在足球队一共有多少人？

之前之后模型，分别画出之前的图与之后的图

多种解法分析

解法 1 ————————————————————— CPA 建模法

 画出之前和之后的情况，与份数思想结合

之前：女生占总人数的 $\frac{1}{3}$

女生：　　　　1 份

总体：　　　　3 份

之后：女生占总人数的 $\frac{4}{9}$

女生：　　　　4 份

总体：　　　　9 份

2 之前和之后的人数如何变化呢？

①问：女生人数如何变化？　　答：变多了

②问：总人数如何变化？　　答：变多了

③问：男生人数如何变化？　　答：不变！

3 我们来分析一下男生的部分

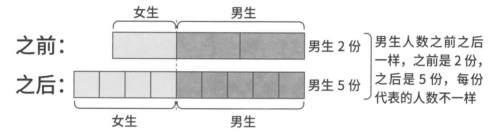

之前：

女生　男生　　男生 2 份

之后：

女生　男生　　男生 5 份

男生人数之前之后一样，之前是 2 份，之后是 5 份，每份代表的人数不一样

4 怎么可以让每份代表的人数一样多？

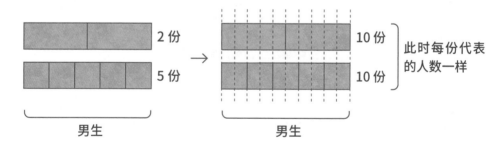

2 份

5 份

→

10 份

10 份

此时每份代表的人数一样

男生　　男生

5 全部都切割成同样的小份来看

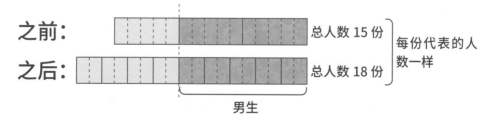

之前：　总人数 15 份

之后：　总人数 18 份

男生

每份代表的人数一样

⭐**6** 标出已知量

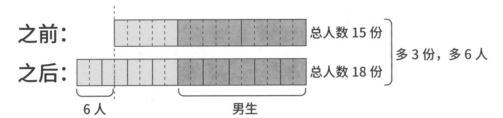

之前：总人数 15 份
之后：总人数 18 份
多 3 份，多 6 人
6 人　男生

⭐**7** 求出每份代表的人数

→ ▊ =6÷3=2(人)

6 人

⭐**8** 求出之前和之后的总人数

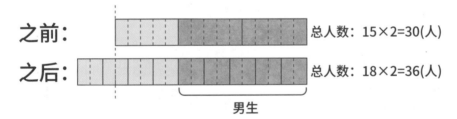

之前：总人数：15×2=30(人)
之后：总人数：18×2=36(人)
男生

⭐**9** 总结步骤，根据 CPA 建模法，五步解出答案

① 3×5=15(份)　　② 9×2=18(份)

③ 6÷(18−15)=2(人)　④ 18×2=36(人)

⑤答：现在足球队一共有 36 人。

戴老师推荐的 CPA 建模法，复杂问题也能轻松解决

▶ 你学会这种方法了吗？ 😊 会了 □   😑 不会 □

▶ 你推荐这种方法吗？ ☆☆☆☆☆

如果题目中有成百甚至上千份，画图好像不太可能，那么我们可以用建模思维，化为份数来列表解决

解法 2 ———————————————— CPA 建模份数列表

 根据已知分率，转化为份数

之前：女生占总人数的 $\frac{1}{3}$

女生：总体 = 1 : 3

女生：1 份
总体：3 份
男生：3−1=2(份)

之后：女生占总人数的 $\frac{4}{9}$

女生：总体 = 4 : 9

女生：4 份
总体：9 份
男生：9−4=5(份)

 将得出的份数来列表看看

女生		男生		总体
1	:	2	:	3
4	:	5	:	9

	女生	男生	总体
之前	1 份	2 份	3 份
之后	4 份	5 份	9 份

思考一下：之前每份的大小与之后的每份大小是相同的吗？

3 要判断之前与之后每份大小（人数）是否相同，我们需要找到不变量，再统一单位

已知：男生之前和之后，人数没有发生变化
因为男生之前 2 份，之后 5 份，所以之前之后每份大小不同

4 通过男生人数不变，来统一之前之后每份的大小

统一男生的份数

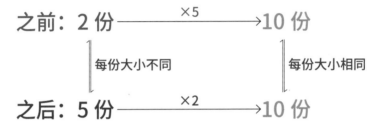

之前：2 份 ——×5——→ 10 份

每份大小不同   每份大小相同

之后：5 份 ——×2——→ 10 份

问：只能同时变成 10 份吗？

↓

不是，可以变成 2 和 5 的任何公倍数

↓

10 是 2 和 5 的最小公倍数，最简便

5 男生统一后，再根据比例的性质来统一女生和总人数的份数

	女生		男生		总体			女生		男生		总体
之前	1	:	2	:	3	——×5——→		1×5	:	2×5	:	3×5
之后	4	:	5	:	9	——×2——→		4×2	:	5×2	:	9×2

⑥ 根据统一后的比例关系再来列份数表

女生		男生		总体
5	:	10	:	15
8	:	10	:	18

→

	女生	男生	总体
之前	5 份	10 份	15 份
之后	8 份	10 份	18 份

之前男生 10 份，之后男生也 10 份。
这时每份代表的大小相同！

⑦ 再根据已知条件求出每份的量

	女生
之前	5 份
之后	8 份

已知：女生增加了 6 人，从 5 份变为 8 份

即：5 份 —— 增加 6 人 → 8 份

每份：6÷(8−5)=2(人)

⑧ 根据份数得出答案

	总体
之前	15 份
之后	18 份

问：现在足球队一共有多少人？

已知：现在足球队一共 18 份，每份 2 人

现在总人数：18×2=36(人)

主要是找准不变量，统一份数，
将 CPA 建模画图思维进行份数化

⑨ 总结算式，得出答案

① 3−1=2，1：2：3=5：10：15

② 9−4=5，4：5：9=8：10：18

③ 6÷(8−5)=2(人)　　④ 18×2=36(人)

⑤答：现在足球队一共有 36 人。

由 CPA 建模法引申的统一份数法，关键是找不变量

▶ 你学会这种方法了吗？　😊 会了 □　　😟 不会 □

▶ 你推荐这种方法吗？　☆☆☆☆☆

 戴老师提出问题——统一不变量

问题五

有一堆由奶糖和水果糖混合的糖果，其中奶糖占 $\dfrac{9}{20}$，再放入 14 颗水果糖之后，奶糖仅占 $\dfrac{1}{3}$，问奶糖有多少颗？

（你先来思考一下吧，写下你的方法）

画图要画 20 份，有点多，不好操作，我们直接用份数列表来做吧！

解法 ——————————————————————— CPA 建模份数列表

 根据已知分率，转化为份数

之前：奶糖占总糖数的 $\frac{9}{20}$

奶糖：总体 = 9：20

奶糖：9 份
总体：20 份
水果糖：20-9=11(份)

之后：奶糖占总糖数的 $\frac{1}{3}$

奶糖：总体 = 1：3

奶糖：1 份
总体：3 份
水果糖：3-1=2(份)

 将得出的份数来列表看看

奶糖		水果糖		总体
9	:	11	:	20
1	:	2	:	3

	奶糖	水果糖	总体
之前	9 份	11 份	20 份
之后	1 份	2 份	3 份

题目中，水果糖增加了，总体的糖数增加了，整个过程奶糖数量不变！

 再一起来判断一下，之前之后每份代表的大小相同吗？

已知：奶糖之前和之后，颗数没有发生变化
因为奶糖之前 9 份，之后 1 份，所以之前之后每份大小不同

4 通过奶糖颗数不变，来统一之前之后每份的大小

统一奶糖的份数

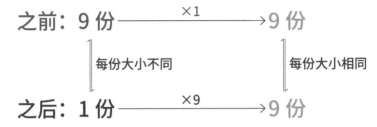

之前：9 份 ——×1——→ 9 份

每份大小不同   每份大小相同

之后：1 份 ——×9——→ 9 份

9 和 1 的最小公倍数为 9
↓
统一为 9 份最简便

5 那我们根据不变量来直接统一所有份数

	奶糖	水果糖	总体
之前	9 份 ×1	11 份 ×1	20 份 ×1
之后	1 份 ×9	2 份 ×9	3 份 ×9

→

	奶糖	水果糖	总体
之前	9 份	11 份	20
之后	9 份	18	27

之前奶糖 9 份，之后奶糖也 9 份。
这时每份代表的大小（数量）相同！

6 再根据已知条件求出每份的量

	奶糖	水果糖
之前	9 份	11 份
之后	9 份	18 份

已知：水果糖增加了 14 颗，从 11 份变为 18 份

即：11 份 ——增加 14 颗——→ 18 份

每份：14÷(18−11)=2(颗)

奶糖：9×2=18(颗)

152

根据奶糖数量这一不变量，统一份数，
求出每份的量，再求题目问题

⭐ **总结算式，得出答案**

① 20−9=11，9：11：20 不变

② 3−1=2，1：2：3=9：18：27

③ 14÷(18−11)=2(颗)　④ 9×2=18(颗)

⑤ **答：奶糖有 18 颗。**

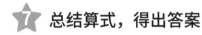戴老师分享的统一份数法，找出不变量是关键

▶ 你是用的这种方法吗？　😊 是的 □　😎 不是 □

▶ 你学会这种方法了吗？　😊 会了 □　😣 不会 □

▶ 你推荐这种方法吗？　☆☆☆☆☆

戴老师有话说

这章看完你的感受是怎样的？

有没有豁然开朗呢？

所以其实数学真的不难，只要跟着戴老师的教学设计，把不好理解的、抽象的数学转化成有画面感的数学，一切都美好起来了！

我是小讲师

学会了方法，你一定迫不及待想尝试一下啦！

弟弟的存钱数是姐姐的 $\frac{2}{3}$，姐姐给了弟弟 12 元后，弟弟的钱数就是姐姐的 $\frac{3}{4}$，原来两人各存了多少钱？

写下你的解题过程吧，然后讲给家长听一听

提示

之前和之后的情况，到底是哪个量不变？

姐姐的钱少了，弟弟的钱多了，但是他们的存钱数之和是不变的。

愿你一生幸运，
每个阶段都遇到
良师益友

11

探寻量与量之间的关系——鸡兔同笼

 ## 在不久以前

有一种小学思维必学题——鸡兔同笼，
你知道这种题有几种解法吗？

曾经有个粉丝妈妈特别苦恼，跟我说鸡兔同笼问题真的是太难了，因为它变化的形式非常非常多，网上有些千奇百怪的方法，孩子看了之后是能列出算式，算出答案，但是题型一变又不行了。

在这章中戴老师一次性给大家讲透，六种思考方式全部展现，是不是超期待呀！

《孙子算经》上有道题

> 今有雉兔同笼，上有三十五头，
> 下有九十四足，问雉兔各几何？

这本书大约出现在公元5世纪，那可是很久很久以前，书中记载着这样一道有趣的题。

(试着写下你的解题思路吧！不会做没关系，写下感受也可以)

这才是真正的数学思维

戴老师提出问题

基础问题

鸡、兔在同一笼子里，从上面数有 20 个头，从下面数有 46 只脚，问鸡、兔各有几只？

（你先来思考一下吧，写下你的方法）

多种解法分析

 ———————————————————— 方程法

 适合小学高年级同学的方法，先来设未知数

题目中的未知数是：鸡的只数，兔的只数。

那么我们就设鸡有 x 只，兔有 y 只。

根据已知条件：头共有 20 个，得：$x + y = 20$

根据已知条件：脚共有 46 只，得：$2x + 4y = 46$

> 温馨提示：每只鸡 1 个头 2 只脚，
> 每只兔 1 个头 4 只脚

得出二元一次方程组并求解

$$\begin{cases} x + y = 20 & ① \\ 2x + 4y = 46 & ② \end{cases}$$

① ×2 得：$2x + 2y = 40$　③

② − ③得：$2x + 4y - 2x - 2y = 46 - 40$

$$2y = 6$$

$$y = 3$$

将 $y = 3$ 代入①中得：$x + 3 = 20$，$x = 17$

 总结一下方程法

解：设鸡有 x 只，兔有 y 只。根据题意可得：

$$\begin{cases} x + y = 20 \\ 2x + 4y = 46 \end{cases} \quad 解得：\begin{cases} x = 17 \\ y = 3 \end{cases}$$

答：鸡有 17 只，兔有 3 只。

同学们可以验算一下我们的答案是否正确

列二元一次方程组虽然方便，但对低年级的孩子来说，不易理解

▶ 你是用的这种方法吗？　😊 是的 □　😎 不是 □

▶ 你学会这种方法了吗？　😊 会了 □　😟 不会 □

▶ 你推荐这种方法吗？　☆☆☆☆☆

我们用图来表示鸡和兔

用 ● 代表鸡，用 ● 代表兔，用 | 代表脚

2 再用图把已知条件表示出来

已知：鸡、兔一共有 20 个头，46 只脚（每只鸡 2 只脚，每只兔 4 只脚）

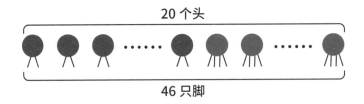

这时主人拿出个口哨吹了一下，所有鸡兔一听都立即抬起了一只脚！

3 此时是什么情况呢？

第 1 次：一共抬起了 20 只脚，还剩 46−20=26 只脚

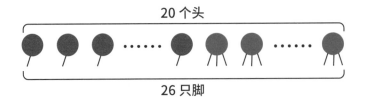

这时主人对着口哨又吹了一下，所有鸡兔又都抬起了一只脚！

4 现在又是什么情况呢?

第 2 次：一共又抬起了 <u>20</u> 只脚，还剩 <u>26−20=6</u> 只脚

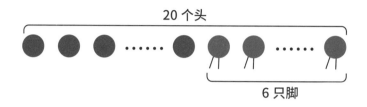

5 根据此时的情况，我们来进行分析一下

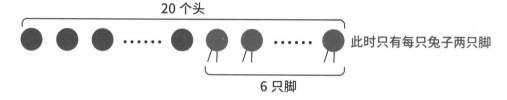

观察可知：兔子数 =6÷2=3(只)   鸡数：20−3=17(只)

6 来验算一下是否正确

兔：3 只   鸡：17 只

验算：头数 = 3+17=20(个) ☑   脚数 = 3×4+17×2=46(只) ☑

7 总结算式，得出答案

兔：(46−20−20)÷(4−2)=3(只)

鸡：20−3=17(只)

戴老师分享的鸡兔同笼问题中常见的抬脚法，比较有趣味性

▶ 你是用的这种方法吗？　☺ 是的 □　　😎 不是 □

▶ 你学会这种方法了吗？　☺ 会了 □　　😔 不会 □

▶ 你推荐这种方法吗？　★★★★★

 ——————————————— 假设法

1 我们还是用图来表示鸡和兔

🔴🔴　　用 🔴 代表鸡，用 🔴 代表兔，用 | 代表脚

2 再用图把假设的情形表示出来

假设全是鸡（那么每只都是 2 只脚）

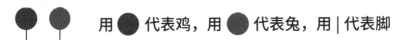

此时共有脚数：20×2=40(只)　　比实际少了：46−40=6(只)

同学们思考一下，为什么会少了 6 只脚，这少的 6 只脚原来是谁的？

3 我们一起来看一下现在的情况

假设 20 只都是鸡，
实际还多出 6 只脚

可假想将多的脚转移到鸡的身上

将鸡变成兔（每只鸡加 2 只脚就变成了兔）

一只鸡 —— 加 2 只脚 —— 一只兔

6 只脚可变几只兔：6÷(4−2)=3(只)

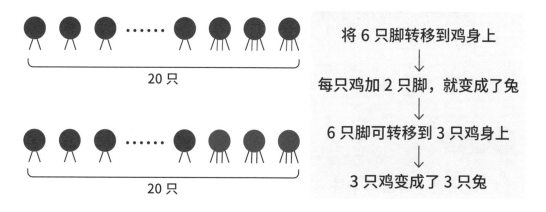 将剩下的 6 只脚转移到鸡的身上就变成了兔

20 只

20 只

将 6 只脚转移到鸡身上

↓

每只鸡加 2 只脚，就变成了兔

↓

6 只脚可转移到 3 只鸡身上

↓

3 只鸡变成了 3 只兔

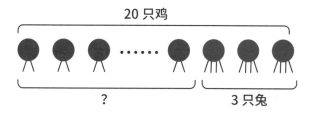 现在几只鸡几只兔，一目了然

20 只鸡

?

3 只兔

此时已知兔的只数：3 只　可求鸡的只数：20−3=17(只)

总结一下算式吧

① 20×2=40(只)   ② 46−40=6(只)

③ 6÷(4−2)=3(只)   ④ 20−3=17(只)

⑤答：兔有 3 只，鸡有 17 只。

鸡兔同笼常用的假设法，一般先假设全部为其中的一种对象

▶ 你是用的这种方法吗?   ☺ 是的 □   😎 不是 □

▶ 你学会这种方法了吗?   ☺ 会了 □   🙁 不会 □

▶ 你推荐这种方法吗?   ☆ ☆ ☆ ☆ ☆

 解法 4 ──────────────────── 表格法

 先来看一看已知条件

鸡 + 兔 = 20 只   鸡脚 + 兔脚 = 46 只

2 根据已知条件来列表

(单位：只)

兔	0	1	2	3	4	5	6	7	8	9	10	11	12	13	14	15	16	17	18	19	20
鸡	20	19	18	17	16	15	14	13	12	11	10	9	8	7	6	5	4	3	2	1	0
兔脚	0	4	8	12	16	20	24	28	32	36	40	44	48	52	56	60	64	68	72	76	80
鸡脚	40	38	36	34	32	30	28	26	24	22	20	18	16	14	12	10	8	6	4	2	0
脚和	40	42	44	46	48	50	52	54	56	58	60	62	64	66	68	70	72	74	76	78	80

看一下哪组满足条件

（单位：只）

兔	0	1	2	3	4	5	6	7	8	9	10	11	12	13	14	15	16	17	18	19	20
鸡	20	19	18	17	16	15	14	13	12	11	10	9	8	7	6	5	4	3	2	1	0
兔脚	0	4	8	12	16	20	24	28	32	36	40	44	48	52	56	60	64	68	72	76	80
鸡脚	40	38	36	34	32	30	28	26	24	22	20	18	16	14	12	10	8	6	4	2	0
脚和	40	42	44	46	48	50	52	54	56	58	60	62	64	66	68	70	72	74	76	78	80

当兔 =3 只，鸡 =17 只时，满足：头和 =20 个，脚和 =46 只

列表只为找到答案有点大材小用，我们再来探索一下规律吧！

 一起探索规律吧

（单位：只）

	+1	+1	+1	+1	+1		......									-1	-1	-1	-1	-1
兔	0	1	2	3	4	5	6	7	8	9	10	11	12	13	14	15	16	17	18	19	20
鸡	20	19	18	17	16	15	14	13	12	11	10	9	8	7	6	5	4	3	2	1	0
兔脚	0	4	8	12	16	20	24	28	32	36	40	44	48	52	56	60	64	68	72	76	80
鸡脚	40	38	36	34	32	30	28	26	24	22	20	18	16	14	12	10	8	6	4	2	0
脚和	40	42	44	46	48	50	52	54	56	58	60	62	64	66	68	70	72	74	76	78	80
	+2	+2	+2	+2	+2		......									-2	-2	-2	-2	-2

 发现规律

①当开始全是鸡时，兔每增加 1 只（鸡减少 1 只），脚就增加 2 只

②当开始全是兔时，兔每减少 1 只（鸡增加 1 只），脚就减少 2 只

6 我们根据发现的规律，可以来整理一下算式

①开始鸡为 20 只，兔为 0 只

②开始的脚数：20×2=40(只)

③需增加的脚数：46−40=6(只)

④兔每增加 1 只，脚增加：4−2=2(只)

⑤需增加兔：6÷2=3(只)

⑥即兔增加了 3 只，鸡：20−3=17(只)

⑦答：兔有 3 只，鸡有 17 只。

用表格法发现的规律，可以更轻松地理解假设法！

7 反过来，如果刚开始全是兔，该怎么理解呢？

①开始兔为 20 只，鸡为 0 只

②开始的脚数：20×4=80(只)

③需减少的脚数：80−46=34(只)

④兔每减少 1 只，脚减少：4−2=2(只)

⑤需减少兔：34÷2=17(只)

⑥即兔减少了 17 只，兔：20−17=3(只)

⑦答：兔有 3 只，鸡有 17 只。

根据戴老师分享的表格法探究规律，更易理解假设法

▶ 你是用的这种方法吗？　　😊 是的 □　　😎 不是 □

▶ 你学会这种方法了吗？　　😊 会了 □　　😟 不会 □

▶ 你推荐这种方法吗？　　☆☆☆☆☆

CPA 建模法

1 先来看一看已知条件

鸡 + 兔 = 20 只　　　　**鸡脚 + 兔脚 = 46 只**

2 根据已知条件来画图，表示出头和、脚和

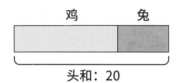

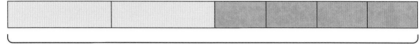

3 将两图联合起来看看

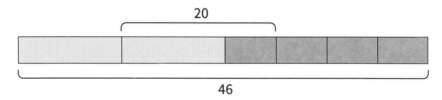

4 重新组合，可以直接求出兔的只数

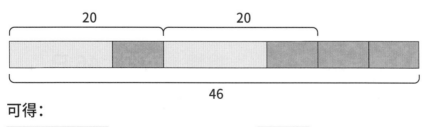

可得：

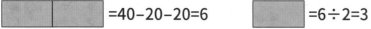

5 已知兔的只数，可求出鸡的只数

6 总结算式

① 46−20−20=6(只)　　② 6÷(4−2)=3(只)

③ 20−3=17(只)

④答：兔有 3 只，鸡有 17 只。

运用戴老师特别喜欢分享的 CPA 建模法，通过画图更容易分析理解

- ▶ 你是用的这种方法吗?　　😊 是的 □　　😎 不是 □
- ▶ 你学会这种方法了吗?　　😊 会了 □　　😶 不会 □
- ▶ 你推荐这种方法吗?　　☆☆☆☆☆

 —————————————————— 图文代换法

1 还是先来看一看已知条件

鸡 + 兔 = 20 只　　　　**鸡脚 + 兔脚 = 46 只**

将鸡数看成: ■　　　　　将兔数看成: ●

那么鸡脚数: ■ ■　　　　那么兔脚数:

2 得到图文算式

■ + ● = 20

■ + ■ + ● + ● + ● + ● = 46

3 根据图文关系，可求出兔的只数

■ + ■ + ● + ● + ● + ● = 46

20

20

→ ● + ● = 46−20−20 = 6　　→ ● = 6÷2 = 3

4 已知兔的只数，可求出鸡的只数

■ + ● = 20　　● = 3　　→ ■ = 20−3 = 17

5 总结算式

① 46−20−20=6(只)　　② 6÷(4−2)=3(只)

③ 20−3=17(只)

④答：兔有 3 只，鸡有 17 只。

戴老师分享的图文代换法，与初中的二元一次方程组接轨

▶ 你是用的这种方法吗？	☺ 是的 ☐		😎 不是 ☐	
▶ 你学会这种方法了吗？	☺ 会了 ☐		😟 不会 ☐	
▶ 你推荐这种方法吗？	☆ ☆ ☆ ☆ ☆			

 戴老师提出问题

变形问题

停车场有三轮车、四轮车共 70 辆，数一数有 218 个轮子，问三轮车、四轮车各有多少辆？

（你先来思考一下吧，写下你的方法）

鸡兔同笼的变形问题，我们还是用刚学的 6 种方法来思考吧！

多种解法分析

解法 1 ——————————————————— 方程法

 先来看看已知量，设未知数

题目中的未知数是：三轮车的辆数，四轮车的辆数。

那么我们就设三轮车有 x 辆，四轮车有 y 辆。

根据已知条件：车子共有 70 辆，得：$x + y = 70$

根据已知条件：轮子共有 218 个，得：$3x + 4y = 218$

 得出二元一次方程组并求解

$$\begin{cases} x + y = 70 & ① \\ 3x + 4y = 218 & ② \end{cases}$$

① $\times 3$ 得：$3x + 3y = 210$　③
② $-$ ③得：$3x + 4y - 3x - 3y = 218 - 210$
$$y = 8$$

将 $y = 8$ 代入①中得：$x + 8 = 70$，$x = 62$

⭐3 总结一下方程法

解：设三轮车有 x 辆，四轮车有 y 辆。
根据题意可得：

$$\begin{cases} x + y = 70 \\ 3x + 4y = 218 \end{cases}$$
解得：$\begin{cases} x = 62 \\ y = 8 \end{cases}$

答：三轮车有 62 辆，四轮车有 8 辆。

⭐4 验算答案是否正确

三轮车：62 辆　　四轮车：8 辆

验算：车和 = 62+8=70(辆) ☑　　轮子和 = 3×62+4×8=218(个) ☑

列二元一次方程组虽然方便，但对低年级的孩子来说，不易理解

> ▶ 你是用的这种方法吗？　😊 是的 □　　😎 不是 □
> ▶ 你学会这种方法了吗？　😊 会了 □　　😟 不会 □
> ▶ 你推荐这种方法吗？　☆ ☆ ☆ ☆ ☆

 解法 2 ——————————————————— 抬脚法

⭐1 我们用图来表示三轮车和四轮车

　用 ● 代表三轮车，用 ● 代表四轮车，用 | 代表轮子

2 再用图把已知条件表示出来

已知：车一共有 70 辆，轮子一共有 218 个（三轮车 3 个轮子，四轮车 4 个轮子）

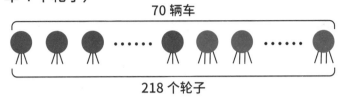

这时交警拿出口哨吹了一下，所有车一听都立即抬起了一个轮子！

3 此时是什么情况呢？

第 1 次：一共抬起了 <u>70</u> 个轮子，还剩 <u>218-70=148</u> 个轮子

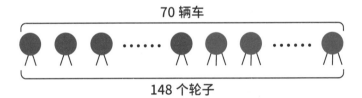

这时交警对着口哨又吹了一下，所有车又都抬起了一个轮子！

 现在又是什么情况呢？

第 2 次：一共又抬起了 <u>70</u> 个轮子，还剩 <u>148-70=78</u> 个轮子

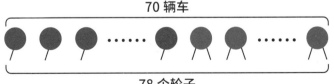

交警对着口哨又吹了一下，所有车又都抬起了一个轮子！

5 现在又是什么情况呢?

第 3 次:一共又抬起了 <u>70</u> 个轮子,还剩 <u>78−70=8</u> 个轮子

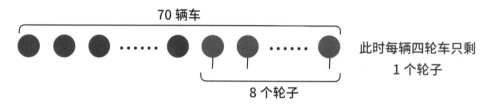

观察可知:四轮车数量:8÷1=8(辆)   三轮车数量:70−8=62(辆)

6 总结算式,得出答案

四轮车:(218−70−70−70)÷(4−3)=8(辆)

三轮车:70−8=62(辆)

戴老师分享的鸡兔同笼抬脚法,这里也许可以叫抬轮子法

▶ 你是用的这种方法吗?   😊 是的 □   😎 不是 □

▶ 你学会这种方法了吗?   😊 会了 □   😟 不会 □

▶ 你推荐这种方法吗?   ☆ ☆ ☆ ☆ ☆

 解法 3 —————————————————————— 假设法

1 我们还是用图来表示三轮车和四轮车

 用 ● 代表三轮车,用 ● 代表四轮车,用 | 代表轮子

2 画图表示假设的情形，这次假设全是"脚"多的

假设全是四轮车（那么每辆都是 4 个轮子）

70 辆车　　　　218 个轮子

此时共有轮子：70×4=280(个)　比实际多了：280−218=62(个)

同学们思考一下，为什么会多了 62 个轮子，这多的 62 个轮子怎么办？

3 我们一起来看一下现在的情况

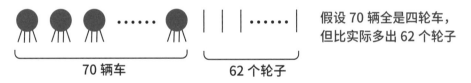

70 辆车　　　62 个轮子

假设 70 辆全是四轮车，但比实际多出 62 个轮子

4 多的轮子可以去掉

将四轮车变成三轮车（每辆四轮车去掉一个轮子就变成了三轮车）

四轮车 ——去掉一个轮子——→ 三轮车

62 个轮子可以变几辆三轮车：62÷(4−3)=62(辆)

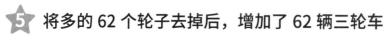

5 将多的 62 个轮子去掉后，增加了 62 辆三轮车

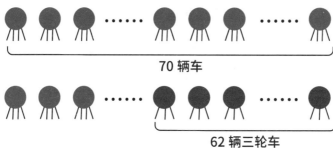

70 辆车

62 辆三轮车

将多的 62 个轮子去掉

↓

每辆四轮车去掉 1 个轮子，就变成了三轮车

↓

去掉 62 个轮子，相当于增加 62 辆三轮车

6 现在几辆三轮车几辆四轮车，一目了然

共 70 辆

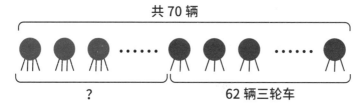

? 62 辆三轮车

此时三轮车的数量：62 辆　可求四轮车的数量：70-62=8(辆)

一起总结一下算式

① 70×4=280(个)　　　② 280−218=62(个)

③ 62÷(4−3)=62(辆)　　④ 70−62=8(辆)

⑤答：三轮车有 62 辆，四轮车有 8 辆。

常用的假设法，和上次不同的是，这次先假设全是"脚"多的对象

▶ 你是用的这种方法吗？　　😊 是的 □　　😎 不是 □

▶ 你学会这种方法了吗？　　😊 会了 □　　😐 不会 □

▶ 你推荐这种方法吗？　　☆ ☆ ☆ ☆ ☆

亲爱的小朋友们，如果开始假设全是三轮车，
你还会做吗？来试试吧！

 假设全是三轮车，该怎么思考呢?

(你先来思考一下吧，写下你的方法)

表格法

 先列出已知条件

三轮车 + 四轮车 = 70 辆

三轮车轮子 + 四轮车轮子 = 218 个

2 根据已知条件来列表，找出满足条件的那组数

三轮车（辆）	0	1	2	3	4	5	6	7	8	9	…	61	62	63	64	65	66	67	68	69	70
四轮车（辆）	70	69	68	67	66	65	64	63	62	61	…	9	8	7	6	5	4	3	2	1	0
三轮车轮子（个）	0	3	6	9	12	15	18	21	24	27	…	183	186	189	192	195	198	201	204	207	210
四轮车轮子（个）	280	276	272	268	264	260	256	252	248	244	…	36	32	28	24	20	16	12	8	4	0
轮子和（个）	280	279	278	277	276	275	274	273	272	271	…	219	218	217	216	215	214	213	212	211	210

当三轮车 =62 辆，四轮车 =8 辆时，满足：车和 =70 辆，轮子和 =218 个

3 探索表格中的规律

	+1	+1	+1	+1	+1		……					−1	−1	−1	−1	−1	
三轮车（辆）	0	1	2	3	4	5	6	7	8	9	…	61	62	63	64	65	66	67	68	69	70
四轮车（辆）	70	69	68	67	66	65	64	63	62	61	…	9	8	7	6	5	4	3	2	1	0
三轮车轮子（个）	0	3	6	9	12	15	18	21	24	27	…	183	186	189	192	195	198	201	204	207	210
四轮车轮子（个）	280	276	272	268	264	260	256	252	248	244	…	36	32	28	24	20	16	12	8	4	0
轮子和（个）	280	279	278	277	276	275	274	273	272	271	…	219	218	217	216	215	214	213	212	211	210

−1 −1 −1 −1 −1 …… +1 +1 +1 +1 +1

⭐4 **发现规律**

①当开始全是四轮车时，四轮车每减少 1 辆（三轮车增加 1 辆），轮子就减少 1 个

②当开始全是三轮车时，三轮车每减少 1 辆（四轮车增加 1 轮），轮子就增加 1 个

⭐5 **我们根据发现的规律，可以来整理一下算式**

①开始四轮车有 70 辆，三轮车有 0 辆

②开始轮子和：70×4=280(个)

③需减少的轮子数：280−218=62(个)

④四轮车每减少 1 辆，轮子减少：4−3=1(个)

⑤需减少四轮车：62÷1=62(辆)

⑥即四轮车减少了 62 辆，四轮车还剩：70−62=8(辆)

⑦答：三轮车有 62 辆，四轮车有 8 辆。

⭐6 **反过来，如果刚开始全是三轮车，该怎么理解呢？**

①开始三轮车有 70 辆，四轮车有 0 辆

②开始轮子和：70×3=210(个)

③需增加的轮子数：218−210=8(个)

④四轮车每增加 1 辆，轮子增加：4−3=1(个)

⑤需增加四轮车：8÷1=8(辆)

⑥即三轮车减少了 8 辆，三轮车还剩：70−8=62(辆)

⑦答：三轮车有 62 辆，四轮车有 8 辆。

根据戴老师分享的表格法探究规律，更易理解假设法

▶ 你是用的这种方法吗？ 😊 是的 □   😎 不是 □

▶ 你学会这种方法了吗？ 😊 会了 □   😟 不会 □

▶ 你推荐这种方法吗？   ☆ ☆ ☆ ☆ ☆

解法 5 ———————————————————————— CPA 建模法

1 先看已知条件

三轮车 + 四轮车 = 70 辆

三轮车轮子 + 四轮车轮子 = 218 个

2 根据已知条件来画图，表示出车和、轮子和

三轮车　四轮车

车和：70

三轮车轮子
（三轮车轮子数为三轮车辆数的 3 倍）　　　　四轮车轮子
（四轮车轮子数为四轮车辆数的 4 倍）

轮子和：218

3 将两图联合起来看看

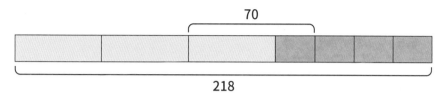

4 重新组合，可以直接求出四轮车的数量

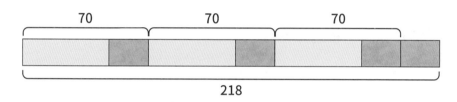

可得：

![深灰色方块] =218−70−70−70=8

![浅灰色方块] =70−8=62

5 总结算式

① 218−70−70−70=8(个)   ② 8÷(4−3)=8(辆)

③ 70−8=62(辆)

④答：三轮车有 62 辆，四轮车有 8 辆。

运用戴老师特别喜欢分享的 CPA 建模法，通过画图更容易分析理解

▶ 你是用的这种方法吗？　　 是的 □　　 不是 □

▶ 你学会这种方法了吗？　　😊 会了 □　　😟 不会 □

▶ 你推荐这种方法吗？　　☆☆☆☆☆

解法 6 ———————————————— 图文代换法

1 还是先来看一看已知条件

三轮车 + 四轮车 = 70 辆

三轮车轮子 + 四轮车轮子 = 218 个

将三轮车数量表示为：■

那么三轮车轮子数为：■ ■ ■

将四轮车数量表示为：●

那么四轮车轮子数为：● ● ● ●

2 得到图文算式

■ + ● = 70

■ + ■ + ■ + ● + ● + ● + ● = 218

根据图文关系，可求出四轮车的数量

■ + ■ + ■ + ● + ● + ● + ● = 218

```
              70
         70
     70
```

→ ● = 218−70−70−70 = 8

 已知四轮车的数量，可求出三轮车的数量

■ + ● = 70   ● = 8   →   ■ = 70−8 = 62

 总结算式

① 218−70−70−70=8(个)   ② 8÷(4−3)=8(辆)

③ 70−8=62(辆)

④答：三轮车有 62 辆，四轮车有 8 辆。

戴老师分享的图文代换法，与初中的二元一次方程组接轨

▶ 你是用的这种方法吗？   ☺ 是的 □   😎 不是 □

▶ 你学会这种方法了吗？   ☺ 会了 □   😐 不会 □

▶ 你推荐这种方法吗？   ☆ ☆ ☆ ☆ ☆

这才是真正的数学思维

 戴老师提出问题

变形问题

小松鼠采松子，每个晴天可以采 12 个，每个雨天可以采 8 个，四月共采了 288 个，问四月里有多少个雨天？

（你先来思考一下吧，写下你的方法）

> 同样是鸡兔同笼的变形问题，
> 我们这次选择最优解法来讲解

 最优解法分析

 ———————————————— CPA 建模法

 我们先来看看已知量

已知：四月有 30 天

晴天 + 雨天 = 30 天　晴天松子 + 雨天松子 = 288 个

184

根据已知条件来画图，表示出天数和与松子数和

3 将图联合起来看一下

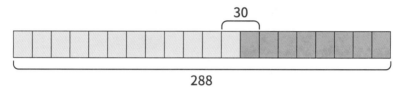

4 重新组合看看

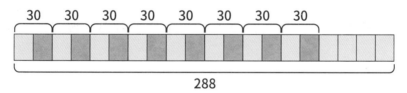

5 可以直接求出雨天的天数

可得：　□□□□ =288−30×8=48

→　□ =48÷4=12　　　■ =30−12=18

⭐6 总结算式

① 288−30×8=48(个)　② 48÷(12−8)=12(天)

③ 30−12=18(天)

④答：四月里有 18 个雨天。

戴老师特别喜欢分享的 CPA 建模法，你喜欢上这种方法了吗？

▶ 你是用的这种方法吗？　☺ 是的 □　😎 不是 □

▶ 你学会这种方法了吗？　☺ 会了 □　😫 不会 □

▶ 你推荐这种方法吗？　☆☆☆☆☆

解法 ②

还有其余 5 种方法呢，选一种你喜欢的方法再来做一做吧！

戴老师提出问题

变形问题

文文有 2 元、5 元的纸币共 62 张，合计 226 元，问 2 元的纸币有多少张？

这次戴老师来构建框架，你来画图解题！

 ## 最优解法分析

 ———————————— CPA 建模法

 先来列一下已知条件吧

 根据已知条件来画图，表示出纸币的张数和、钱数和

（注意钱数与张数的倍数关系）

将两个图联合起来看看

 重新组合，看看还剩下什么

 总结算式

▶ 你学会这种方法了吗?　☺ 会了 □　　😐 不会 □

▶ 你推荐这种方法吗?　☆☆☆☆☆

这些变形问题本质上都是鸡兔同笼问题，
只不过穿着其他的"衣服"，
所以学会判别是不是鸡兔同笼问题也很重要喔!

戴老师有话说

　　6 种方法都剖析完了，同学们再仔细思考一下：图文代换法和列二元一次方程组的方程法是否有异曲同工之妙？假设法和表格法之间的关联又是什么？

　　其实，CPA 画图建模法、方程法、图文代换法，这 3 种方法的本质都是一样的，只是在用不同的形式表示量与量之间的关系而已。画图建模是用长度来表示数量，方程是用未知数来表示数量，图文代换是用具体的图形来表示数量。

　　当你参透其关联，在面对这类问题时，就能达到万物归一、数学世界任你遨游的状态了！

12 换个角度看问题——二元一次方程组

在不久以前

家长们经常有一些问题想问问戴老师……

很多家长都会问我小学数学和初中数学的关联大不大？或者小学数学没有学好，初中还有没有机会？又或者小学数学学得特别好的孩子，初中会不会有优势？

这章我就要给你们讲关于小初一体化的内容——初中的二元一次方程组，这部分是必学必考的。戴老师如何用小学生能够理解的方法让孩子们吃透这一知识点，并将其与常见的应用题进行融合？一起来看看吧！

看看这个基础的图文题

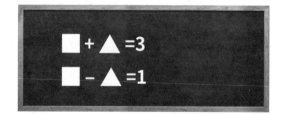

同学们，这个题是图文题，同时也是前面出现过的和差问题，你还会做吗？

（试着写下你的解题思路吧！不会做没关系，写下感受也可以）

戴老师提出问题

初级问题

已知： ■ + ▲ =10   问： ■ = ?

■ – ▲ =2   ▲ = ?

(你先来思考一下吧，写下你的方法)

 多种解法分析

 ——————————————————— 表格法

 看看已知条件，思考一下

已知： ■ + ▲ =10

思考：哪些数加起来等于 10 呢?

2 列表写下正方形和三角形的所有可能性

先满足：■ + ▲ = 10

■	10	9	8	7	6	5	4	3	2	1	0
▲	0	1	2	3	4	5	6	7	8	9	10

表格梳理，有序枚举，不缺不漏

3 先满足一个条件，再满足另一个条件

再满足：■ − ▲ = 2

■	10	9	8	7	6	5	4	3	2	1	0
▲	0	1	2	3	4	5	6	7	8	9	10

↓

6−4=2

4 得出答案

$$6 + 4 = 10,\ 6 - 4 = 2\ \rightarrow\ ■ = 6,\ ▲ = 4$$

用表格法一一枚举梳理，比较清晰直观，适用于比较小的数字

▶ 你是用的这种方法吗？　☺ 是的 □　😎 不是 □

▶ 你学会这种方法了吗？　☺ 会了 □　😐 不会 □

▶ 你推荐这种方法吗？　☆☆☆☆☆

解法 2 画图法

1 根据已知条件来画图

已知：■ + ▲ = 10，■ − ▲ = 2（■比▲多2）

2 将线段图合起来看

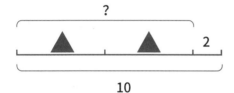

$$2 \, ▲ = 10 - 2 = 8$$

3 求出三角形代表的数

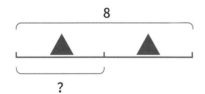

$$▲ = 8 \div 2 = 4$$

4 得出答案

$$▲ = (10 - 2) \div 2 = 4$$

$$■ = 4 + 2 = 6$$

将抽象的数字用具象的线段表示出来，更加清晰易懂

▶ 你是用的这种方法吗?　　😊 是的 □　　😎 不是 □

▶ 你学会这种方法了吗?　　😊 会了 □　　😟 不会 □

▶ 你推荐这种方法吗?　　☆ ☆ ☆ ☆ ☆

解法 3 ────────────────────── 天平法

 根据已知条件放置天平

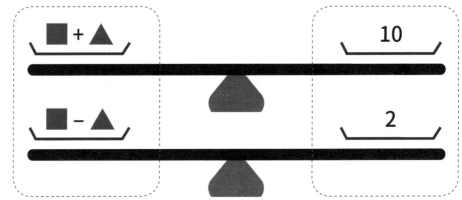

2️⃣ 天平左边加左边等于右边加右边

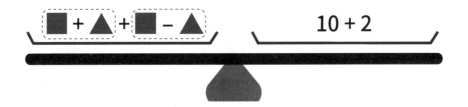

根据天平思维得出等式，算出答案

■ + ▲ + ■ − ▲ = 10 + 2　　（+ ▲ − ▲ 可以相互抵消）

可得：2 ■ = 12　→　■ = 12÷2=6，▲ =6−2=4

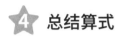 总结算式

■ = (10+2)÷2=6，▲ =6−2=4

将等式的性质以情景化的天平来表示，更有画面感，也更易理解

▶ 你是用的这种方法吗？　😊 是的 □　　😎 不是 □

▶ 你学会这种方法了吗？　😊 会了 □　　😟 不会 □

▶ 你推荐这种方法吗？　☆☆☆☆☆

 戴老师提出问题

初级问题

已知：■ + ● + ● = 11　　　　问：■ = ?

■ + ■ + ● + ● + ● = 19　　　　● = ?

（你先来思考一下吧，写下你的方法）

家长或者高年级的孩子看到这道题第一反应可能会

把它看成一个二元一次方程组 $\begin{cases} x + 2y = 11 \\ 2x + 3y = 19 \end{cases}$

那么低年级的小朋友们该怎么思考呢?

解法分析

 ——————————————————————— 整体代换法

1 找出相同部分进行代换

$$\begin{cases} ■ + ● + ● = 11 \quad ① \\ ■ + \boxed{■ + ● + ●} + ● = 19 \quad ② \end{cases}$$

将②中与①相同的部分进行代换 可得: $■ + 11 + ● = 19$

2 整理一下代换后的等式

$$■ + 11 + ● = 19 \quad → \quad ■ + ● = 19 - 11 = 8$$

此时可得:

$$\begin{cases} \boxed{■ + ●} + ● = 11 \quad ① \\ ■ + ● = 8 \quad ③ \end{cases}$$

再将①中与③相同的部分进行代换 可得: $8 + ● = 11$

根据代换后的等式求出圆代表的数字

$$8 + ● = 11 \quad \rightarrow \quad ● = 11 - 8 = 3$$

再根据③求出正方形代表的数字

$$■ + ● = 8 \quad \rightarrow \quad ■ + 3 = 8，■ = 8 - 3 = 5$$

 列出综合算式总结一下吧

$$● = 11 - (19 - 11) = 3，■ = 8 - 3 = 5$$

戴老师分享的小学思维必修之整体代换思维，
能锻炼孩子的观察探究能力

▶ 你是用的这种方法吗？　　😊 是的 □　　😎 不是 □

▶ 你学会这种方法了吗？　　😊 会了 □　　😟 不会 □

▶ 你推荐这种方法吗？　　☆ ☆ ☆ ☆ ☆

 戴老师提出问题

整体代换思维之小初联想

$$解二元一次方程组：\begin{cases} x + y = 9 & ① \\ 3x + 5y = 29 & ② \end{cases}$$

多种解法分析

解法 1 ——————————————————————— 加减消元法（初中）

$$\begin{cases} x + y = 9 & ① \\ 3x + 5y = 29 & ② \end{cases}$$

解：①×3 得：$3x + 3y = 27$ ③

　　②－③得：$3x + 5y - 3x - 3y = 29 - 27$

　　　　　　　　　　　　$2y = 2$

　　　　　　　　　　　　$y = 1$

　　将 $y = 1$ 代入①中得：$x + 1 = 9$，$x = 8$

解法 2 ——————————————————————— 代入法（初中）

解：由①可得：$x = 9 - y$ ③

　　将③代入②中得：$3(9 - y) + 5y = 29$

　　　　　　　　　　$27 - 3y + 5y = 29$

　　　　　　　　　　　　　$2y = 2$

　　　　　　　　　　　　　$y = 1$

　　将 $y = 1$ 代入①中得：$x + 1 = 9$，$x = 8$

解法 3 ——————————————————————— 整体代换法（小学）

$$\begin{cases} x + y = 9 & ① \\ 3x + 5y = 29 & ② \end{cases}$$

将②拆解为：$x + x + x + y + y + y + y + y = 29$

调换位置重新排列：$\underbrace{x + y}_{9} + \underbrace{x + y}_{9} + \underbrace{x + y}_{9} + y + y = 29$

可得：$9 + 9 + 9 + y + y = 29$ → $27 + 2y = 29$，$y = 1$

得：$x + 1 = 9$，$x = 8$

解法 ④ ———————————— 整体代换法（小学）

可直接将②拆解为：$3x + 3y + 2y = 29$

提取公因数变成：$3(\underbrace{x + y}_{9}) + 2y = 29$

可得：$3 \times 9 + 2y = 29$ → $27 + 2y = 29$，$y = 1$

将 $y = 1$ 代入①中得：$x + 1 = 9$，$x = 8$

> 以上方法来自戴老师的小初联想，
> 其中整体代换思维可跨越年级的界限

▶ 你学会这些方法了吗？　　☺ 会了 □　　　😟 不会 □

▶ 你推荐第几种方法呢？　　　（我推荐第＿种方法）

戴老师提出问题

中级问题

红星小学运动会，四年级 1 班全班 40 人，男生每人拿 3 个气球，女生每人拿 2 个气球，共拿了 107 个气球。问：四年级 1 班男生、女生各有多少人？

(你先来思考一下吧，写下你的方法)

接下来戴老师将带你用 6 种方法
来解决问题，你准备好了吗？

 多种解法分析

 ——————————————— 方程法

⭐ **根据题目已知条件，一起来列一列二元一次方程组吧**

解：设四年级 1 班男生有 x 人，女生有 y 人。

已知全班共 40 人，可得：$x + y = 40$ ①

又男生每人拿 3 个气球，女生每人拿 2 个气球，共拿了 107 个
气球，可得：$3x + 2y = 107$ ②

综上所述：$\begin{cases} x + y = 40 & ① \\ 3x + 2y = 107 & ② \end{cases}$

解方程，求出男生女生人数

$$\begin{cases} x + y = 40 & \text{①} \\ 3x + 2y = 107 & \text{②} \end{cases}$$

可直接将②拆解为：$2x + 2y + x = 107$

提取公因数变成：$2(\underbrace{x + y}_{40}) + x = 107$

可得：$2 \times 40 + x = 107 \quad \rightarrow \quad 80 + x = 107，x = 27$

将 $x = 27$ 代入①中得：$27 + y = 40，y = 13$

（细心的小朋友可以代入验算一下）

 总结一下

解：设四年级 1 班男生有 x 人，女生有 y 人。根据题意可得：

$$\begin{cases} x + y = 40 \\ 3x + 2y = 107 \end{cases} \qquad 解得：\begin{cases} x = 27 \\ y = 13 \end{cases}$$

答：四年级 1 班男生有 27 人，女生有 13 人。

将未知数设为 x，y，根据已知条件找出等量关系列出方程组

▶ 你是用的这种方法吗？　　😊 是的 □　　😎 不是 □

▶ 你学会这种方法了吗？　　😊 会了 □　　😫 不会 □

▶ 你推荐这种方法吗？　　☆☆☆☆☆

解法 2 ————————————————————————————————— 抬脚法

⭐1 **我们用有趣的图来表示一下**

用 ● 代表男生，用 ● 代表女生，用 ┃ 代表气球

⭐2 **那么用图把已知条件表示出来**

已知：共 40 人，男生每人 3 个气球，女生每人 2 个气球，一共
107 个气球

40 人

这时来了一个调皮的孩子，
把每个人头上的气球都戳破一个！

⭐3 **此时是什么情况呢?**

气球一共被戳破 <u>40</u> 个，还余下 <u>107−40=67</u> 个

40 人

然后又来了一个调皮的孩子，
把每个人头上的气球又都戳破一个！

接下来又是什么情况呢？

气球再次被戳破 <u>40</u> 个，还余下 <u>67–40=27</u> 个

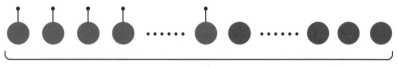

40 人

 观察发现，此时只有男生每人还剩 1 个气球

27 个气球

观察可知：气球个数 = 男生人数

即：男生人数 = 27 人，女生人数 = 40 – 27 = 13（人）

 列出综合算式总结一下吧

男生人数：(107–40–40)÷(3–2)=27（人）

女生人数：40–27=13（人）

> 鸡兔同笼中常见的抬脚法，在这里可以称之为戳气球法

▶ 你是用的这种方法吗？　　😊 是的 □　　😎 不是 □

▶ 你学会这种方法了吗？　　😊 会了 □　　😫 不会 □

▶ 你推荐这种方法吗？　　☆☆☆☆☆

解法 3 ——————————————————— 假设法

1 我们用鸡兔同笼来理解这题

男生每人 3 个气球
女生每人 2 个气球 } 共 40 人，107 个气球 →

三轮车每辆 3 个轮子
自行车每辆 2 个轮子 } 共 40 辆车，107 个轮子

2 鸡兔同笼假设法来画图

假设全是自行车（那么每辆都是 2 个轮子）

40 辆车   27 个轮子

此时共有轮子：40×2=80（个）   比实际少了：107−80=27（个）

3 少了的轮子怎么办呢？

将自行车变成三轮车（每辆自行车加 1 个轮子，就变成了三轮车）

27 个轮子

40 辆车

自行车变成三轮车需要加轮子：3−2=1（个）

27 个轮子加在 27 辆自行车上就变成了三轮车：27÷1=27（辆）

自行车：40−27=13（辆）

来验算一下是否正确

车：27+13=40（辆）
轮子：27×3+13×2=107（个）　　验算正确 ✓

 回归原本问题，总结算式，注意变单位

① 40×2=80（个）　　　　② 107−80=27（个）

③ 27÷(3−2)=27（人）　　④ 40−27=13（人）

⑤答：四年级1班男生有27人，女生有13人。

鸡兔同笼常用的假设法，一般先假设全部为其中的一种对象

▶ 你是用的这种方法吗？　😊 是的 □　　😎 不是 □

▶ 你学会这种方法了吗？　😊 会了 □　　😰 不会 □

▶ 你推荐这种方法吗？　　☆ ☆ ☆ ☆ ☆

若第一步先假设全部为三轮车，你来试试吧！可以画图理解

解法 4 ──────────────────────────────── 表格法

 先列表枚举男生和女生的人数

先满足：男生 + 女生 = 40 人

男生	40	39	38	37	…	27	…	3	2	1	0
女生	0	1	2	3	…	13	…	37	38	39	40

 再来看看气球总数

再满足：男生气球数 + 女生气球数 = 107 个

男生	40	39	38	37	…	27	…	3	2	1	0
女生	0	1	2	3	…	13	…	37	38	39	40
气球	120	119	118	117	…	107	…	83	82	81	80

由表格可知：当男生为 27 人，女生为 13 人时，满足条件

答案出来了，我们还可以从表格中找规律，更好地理解假设法

 一起来探究探究规律吧

男生	40	39	38	37	…	27	…	3	2	1	0
女生	0	1	2	3	…	13	…	37	38	39	40
气球	120	119	118	117	…	107	…	83	82	81	80

当全部为男生时：

女生每增加 1 人，气球减少 1 个

从最开始的 120 个减至 107 个，

气球减少了

120−107=13（个）

女生增加了 13 人，

即女生有 13 人

当全部为女生时：

男生每增加 1 人，气球增加 1 个

从最开始的 80 个增至 107 个，

气球增加了

107−80=27（个）

男生增加了 27 人，

即男生有 27 人

> 列表时要有序枚举，不重不漏，
> 当对象数量过大时，可通过规律找出答案

▶ 你是用的这种方法吗？　　😊 是的 □　　😎 不是 □

▶ 你学会这种方法了吗？　　😊 会了 □　　😷 不会 □

▶ 你推荐这种方法吗？　　☆ ☆ ☆ ☆ ☆

 解法 5 ———————————— 图文代换法

 用二年级小朋友也会的图文来看看

我们用 ■ 代表男生，用 ▲ 代表女生，

根据已知条件，可得：

$$
\begin{cases}
■ + ▲ = 40 \\
3■ + 2▲ = 107
\end{cases}
$$

2 根据前面的方法，再来求正方形和三角形

$$3\blacksquare +2\blacktriangle = 107 \quad \rightarrow \quad \blacksquare + \blacksquare + \blacksquare + \blacktriangle + \blacktriangle = 107$$

40
40

可得：$\blacksquare +40+40=107 \quad \rightarrow \quad \blacksquare +80=107，\blacksquare =27$

3 已知正方形，求三角形

$$\blacksquare + \blacktriangle = 40 \quad \rightarrow \quad 27+ \blacktriangle = 40，\blacktriangle = 13$$

4 列出综合算式总结一下吧

男生人数：107－40－40=27（人）

女生人数：40－27=13（人）

图文代换法和方程法类似，相较之下图文代换法
更利于低年级孩子理解

▶ 你是用的这种方法吗？　☺ 是的 □　😎 不是 □

▶ 你学会这种方法了吗？　☺ 会了 □　😟 不会 □

▶ 你推荐这种方法吗？　☆ ☆ ☆ ☆ ☆

———————————————————————— CPA 建模法

 根据已知条件，一起来画图看看吧

男生：　　　　　　　女生：

男生、女生共 40 人：

男生气球个数是男生人数的 3 倍：

女生气球个数是女生人数的 2 倍：

 将图综合起来看一下

男女总人数：

　　40

气球总个数：

　　107

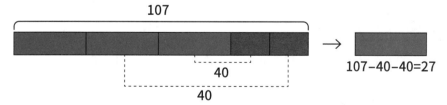 **一起来分析一下，可以直接求出男生人数**

107

40

40

→ 107－40－40＝27

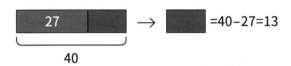 **通过男生人数求出女生人数**

$$=40-27=13$$

 列出综合算式总结一下吧

男生人数：$(107-40-40)÷(3-2)=27（人）$

女生人数：$40-27=13（人）$

戴老师最喜欢的 CPA 建模法，直观易懂，能激发孩子的思考能力

▶ 你是用的这种方法吗？　😊 是的 □　😎 不是 □

▶ 你学会这种方法了吗？　😊 会了 □　😟 不会 □

▶ 你推荐这种方法吗？　☆ ☆ ☆ ☆ ☆

 ## 戴老师提出问题

中级问题

已知：$\begin{cases} A+B=43 \\ A÷3+B÷4=12 \end{cases}$　　求：$\begin{cases} A=? \\ B=? \end{cases}$

(你先来思考一下吧，写下你的方法)

你会首先想到把它转化成一个二元一次方程组，还是去画图建模呢？

最优解法分析

解法很多，我们选择一种，那就是 CPA 建模法

解法 ———————————————————————— CPA 建模法

 先画基础部分

A:    B:

A÷3(把 A 平均分成 3 份)

B÷4(把 B 平均分成 4 份)

⭐2 根据已知条件综合画图

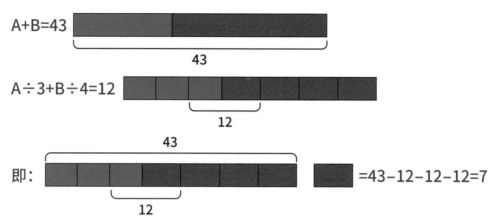

A+B=43

43

A÷3+B÷4=12

12

43

即：　　　　　　　　　　　　　　　　=43-12-12-12=7

12

⭐3 求出 B 和 A

B：　7　　　　　　=7×4=28

A+B：　　　　　28　　　　

43

A：　　　　　=43-28=15

⭐4 列出综合算式总结一下吧

B：(43-12×3)×4=28　　　A：43-28=15

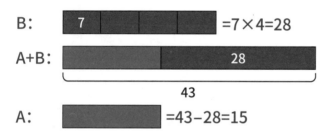

戴老师觉得最优解法就是简单易懂的 CPA 建模法

▶ 你是用的这种方法吗？　☺ 是的 □　　😎 不是 □

▶ 你学会这种方法了吗？　☺ 会了 □　　☹ 不会 □

▶ 你推荐这种方法吗？　　☆☆☆☆☆

戴老师提出问题

高级问题

红星小学开展运动会，甲、乙两班共 98 人，从甲班选出 $\frac{2}{3}$ 参加运动会，从乙班选出 $\frac{1}{2}$ 参加运动会，共选出 55 人。问甲、乙两班各有多少人？

（你先来思考一下吧，写下你的方法）

 多种解法分析

 ——————————————————— 方程法

根据已知条件来列方程

解：设甲班有 x 人，乙班有 y 人。

已知甲、乙两班共 98 人，可得：$x + y = 98$

又甲班选出 $\frac{2}{3}$ 的人，乙班选出 $\frac{1}{2}$ 的人，共选出 55 人

可得：$\dfrac{2}{3}x + \dfrac{1}{2}y = 55$

综上所述：$\begin{cases} x + y = 98 & ① \\ \dfrac{2}{3}x + \dfrac{1}{2}y = 55 & ② \end{cases}$

解方程涉及分数化整，稍复杂，同学们可以尝试一下

解法 2 ——————————————————— CPA 建模法

 先画基础部分

甲班：█████████   乙班：███████████████

甲班的 $\dfrac{2}{3}$（把甲班平均分成 3 份，取其中的 2 份）

乙班的 $\dfrac{1}{2}$（把乙班平均分成 2 份，取其中的 1 份）

再根据已知条件综合画图

甲班和乙班一共 98 人，甲班的 $\frac{2}{3}$ 与乙班的 $\frac{1}{2}$ 一共 55 人

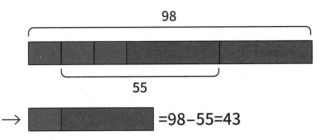

 求出甲班和乙班的人数

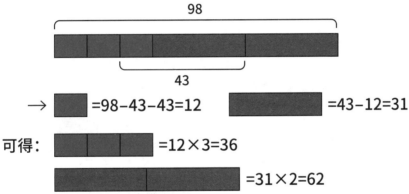

 列出综合算式总结一下吧

甲班：[98−(98−55)×2]×3=36（人）

乙班：[(98−55)−36÷3]×2=62（人）

利用 CPA 建模法做了这么多题，
你喜欢上这种简单易懂的思考方法了吗？

戴老师有话说

看完这章的内容有没有觉得很神奇？

如果你是初中生，看完之后有没有意识到自己一直都没懂的东西原来这么有意思？而小学生能通过各种方法解决初中问题，一定会充满成就感。

如果你是家长，你看完之后做何感想呢？

我是小讲师

学会了方法，你一定迫不及待想尝试一下啦！

已知：
$$\begin{cases} A + B = 72 \\ A \div 3 + B = 32 \end{cases}$$

求：
$$\begin{cases} A = ? \\ B = ? \end{cases}$$

写下你的解题过程吧，然后讲给家长听

千里之行，
始于足下

参考答案

01

🏛 P12

① $1+2+3+4+\cdots+150=(1+150)\times150\div2=151\times150\div2=11325$

② $3+6+9+12+\cdots+99=(3+99)\times33\div2=102\times33\div2=1683$

02

🏛 P23

① $1+2+3+\cdots+149+150+149+\cdots+3+2+1=150^2=22500$

② $4+5+6+\cdots+499+500+499+\cdots+3+2+1=500^2-3-2-1=249994$

03

🏛 P28

$1+3+5+7+9+11+13=49=7^2$

$1+3+5+7+9+11+13+\cdots+99=2500=50^2$

🏛 P32

① 30 个数　② 77 个数　③ 250 个数　④ 500 个数

🏛 P33

① $1+3+5+7+9+11+\cdots+163+165=83^2=6889$

② $1+3+5+7+9+11+\cdots+1997+1999=1000^2=1000000$

04

🏛 P40

① 48×65

```
  2440
    48
+   20
  3120
```

② 82×53

```
  4006
    10
+   24
  4346
```

③ 75×46

```
  2830
    20
+   42
  3450
```

⧗ P42

① 37×47

×	30	7
40	1200	280
7	210	49

→

```
  1200
   280
   210
+   49
  1739
```

② 85×63

×	80	5
60	4800	300
3	240	15

→

```
  4800
   300
   240
+   15
  5355
```

③ 64×88

×	60	4
80	4800	320
8	480	32

→

```
  4800
   320
   480
+   32
  5632
```

⧗ P48

① $65 \times 59 = (60+5) \times (50+9) = 3000+250+540+45 = 3835$

② $77 \times 99 = (70+7) \times (90+9) = 6300+630+630+63 = 7623$

05

⧗ P53

① $1+2+3+\cdots+20 = (1+20) \times 20 \div 2 = 21 \times 20 \div 2 = 210$

② $1+2+3+\cdots+60 = (1+60) \times 60 \div 2 = 61 \times 60 \div 2 = 1830$

⧗ P58

① $1^3+2^3+3^3+\cdots+20^3 = (1+2+3+\cdots+20)^2 = 210^2 = 44100$

② $1^3+2^3+3^3+\cdots+50^3 = (1+2+3+\cdots+50)^2 = 1275^2 = 1625625$

06

🖛 P70

□ ×7= □ +54

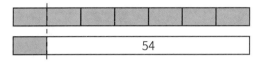

| | =54÷(7−1)=54÷6=9 |

□ ×4= □ +333

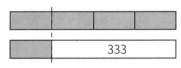

| | =333÷(4−1)=333÷3=111 |

07

🖛 P98

⭐1 **之前的情况画图表示**

刚开始甲有 480 元，乙有 200 元

甲: 480

乙: 200   480−200

⭐2 **之后的情况画图表示**

两人花掉相同的钱后，甲的钱是乙的 5 倍，差不变

甲:

乙: 280

⭐3 **合起来看看，求出之后的乙**

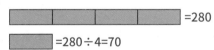 =280

| | =280÷4=70 |

⭐4 **比较乙之前之后的情况，得出答案**

乙（之前）: 200

乙（之后）: 70   200−70=130

5 列一下综合算式吧

200-(480-200)÷(5-1)=130(元)

08

P105

$a×b-a×c=\underbrace{a+a+\cdots+a+a}_{b个a}-(\underbrace{a+a+\cdots+a+a}_{c个a})$

在 b 个 a 里去掉 c 个 a

去掉 c 个 a

$a×b-a×c=\underbrace{a+a+\cdots+a+\overbrace{a+a+\cdots+a+a}}_{b个a}=a+a+\cdots+a+a=a×(b-c)$

还剩 (b-c) 个 a

P107

a×b-a×c（可以表示为在 a 列 b 行的点阵里去掉 a 列 c 行的点阵）

(b-c) 个 ● → 点数：a×(b-c)

b 个 ●

c 个 ●

a 个 ●

P109

森林里有 b 只兔子，每只兔子每天需要出去挖 a 根胡萝卜带回家。有一天，离开了 c 只兔子，那么现在每天能带回多少根胡萝卜呢？

（故事合理即可）

P111

a×b-a×c（表示在长 a 宽 b 的长方形里去掉长 a 宽 c 的长方形后的面积）

222

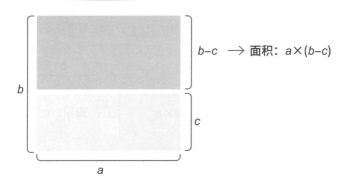

$b-c$ $\longrightarrow$ 面积：$a\times(b-c)$

 P112

小林做得不对，正确的解法为：

$25\times(100+1)$	$25\times99+25$
$=25\times100+25\times1$	$=25\times(99+1)$
$=2500+25$	$=25\times100$
$=2525$	$=2500$

 P114

$98\times25+25\times2$	$5\times(40+8)$	$37a^3+9a^2-27a^3+a^2-11$
$=25\times(98+2)$	$=5\times40+5\times8$	$=(37a^3-27a^3)+(9a^2+a^2)-11$
$=25\times100$	$=200+40$	$=(37-27)a^3+(9+1)a^2-11$
$=2500$	$=240$	$=10a^3+10a^2-11$

09

 P124

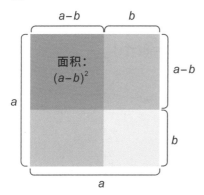

面积：$(a-b)^2$

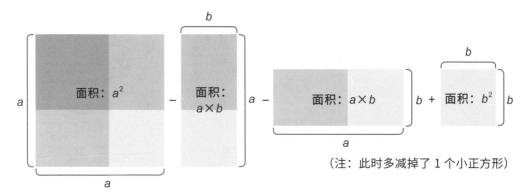

（注：此时多减掉了 1 个小正方形）

完全平方公式：$(a-b)^2=a^2-2ab+b^2$

P154

姐姐和弟弟的钱总数不变

之前　　弟弟的钱∶姐姐的钱∶总共的钱 =2∶3∶5=14∶21∶35

之后　　弟弟的钱∶姐姐的钱∶总共的钱 =3∶4∶7=15∶20∶35

每份：12÷(15-14)=12(元)

弟弟：14×12=168(元)

姐姐：21×12=252(元)

答：原来弟弟存了 168 元，姐姐存了 252 元。

P177

假设全是三轮车

此时共有轮子：70×3=210(个)　　比实际少了：218-210=8(个)

将三轮车变成四轮车

8 个轮子可以变几辆四轮车：8÷(4-3)=8(辆)

三轮车：70-8=62(辆)

答：三轮车有 62 辆，四轮车有 8 辆。

📖 P184

（以假设法举例）

假设全是晴天

此时共采松子数：12×30=360(个)   比实际多了：360−288=72(个)

将晴天变成雨天

72 个松子可以变几个雨天：72÷(12−8)=18(个)

答：四月里有 18 个雨天。

📖 P187

⭐1 先来列一下已知条件吧

2 元纸币 +5 元纸币 =62 张   总钱数 =226 元

⭐2 根据已知条件来画图，表示出纸币的张数和、钱数和

5 元纸币 2 元纸币

张数和：62

5 元纸币的钱数   2 元纸币的钱数

钱数和：226

⭐3 将两个图联合起来看看

62

226

⭐4 重新组合，看看还剩下什么

62   62

226

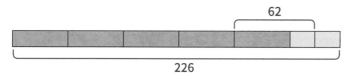

可得：
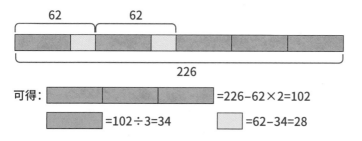
=226−62×2=102

=102÷3=34   =62−34=28

⭐ **5** 总结算式

① 226−62×2=102（元）　　② 102÷(5−2)=34（张）

③ 62−34=28（张）　　④答：2 元的纸币有 28 张。

12

⏳ **P205**

假设全是三轮车

此时共有轮子：40×3=120（个）　比实际多了：120−107=13（个）

将三轮车变成自行车

13 个轮子可以变几辆自行车：13÷(3−2)=13（辆）

即有 13 个女生，27 个男生。

⏳ **P214**

②×6 得：4x + 3y = 330　　③

①×3 得：3x + 3y = 294　　④

③−④得：4x + 3y−3x−3y = 330−294

　　　　　　　　　x = 36

将 x = 36代入①中得：36 + y = 98，y = 62

⏳ **P216**

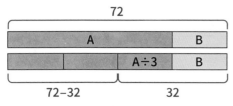

A：(72-32)÷2×3=60

B：72−60=12